U0453643

农田水土法律法规学习读本

农田保护法律法规

李 勇 主编

加大全民普法力度，建设社会主义法治文化，树立宪法法律至上、法律面前人人平等的法治理念。

——中国共产党第十九次全国代表大会《决胜全面建成小康社会 夺取新时代中国特色社会主义伟大胜利》

汕头大学出版社

图书在版编目（CIP）数据

农田保护法律法规/李勇主编. -- 汕头：汕头大
学出版社（2021.7重印）

（农田水土法律法规学习读本）

ISBN 978-7-5658-3673-2

Ⅰ. ①农… Ⅱ. ①李… Ⅲ. ①耕地保护–土地管理法
–基本知识–中国 Ⅳ. ①D922. 324

中国版本图书馆 CIP 数据核字（2018）第 143158 号

农田保护法律法规　　　NONGTIAN BAOHU FALÜ FAGUI

主　　编：李　勇

责任编辑：邹　峰

责任技编：黄东生

封面设计：大华文苑

出版发行：汕头大学出版社

　　　　　广东省汕头市大学路 243 号汕头大学校园内　　邮政编码：515063

电　　话：0754-82904613

印　　刷：三河市南阳印刷有限公司

开　　本：690mm×960mm 1/16

印　　张：18

字　　数：226 千字

版　　次：2018 年 7 月第 1 版

印　　次：2021 年 7 月第 2 次印刷

定　　价：59.60 元（全 2 册）

ISBN 978-7-5658-3673-2

前　言

习近平总书记指出："推进全民守法，必须着力增强全民法治观念。要坚持把全民普法和守法作为依法治国的长期基础性工作，采取有力措施加强法制宣传教育。要坚持法治教育从娃娃抓起，把法治教育纳入国民教育体系和精神文明创建内容，由易到难、循序渐进不断增强青少年的规则意识。要健全公民和组织守法信用记录，完善守法诚信褒奖机制和违法失信行为惩戒机制，形成守法光荣、违法可耻的社会氛围，使遵法守法成为全体人民共同追求和自觉行动。"

中共中央、国务院曾经转发了中央宣传部、司法部关于在公民中开展法治宣传教育的规划，并发出通知，要求各地区各部门结合实际认真贯彻执行。通知指出，全民普法和守法是依法治国的长期基础性工作。深入开展法治宣传教育，是全面建成小康社会和新农村的重要保障。

普法规划指出：各地区各部门要根据实际需要，从不同群体的特点出发，因地制宜开展有特色的法治宣传教育坚持集中法治宣传教育与经常性法治宣传教育相结合，深化法律进机关、进乡村、进社区、进学校、进企业、进单位的"法律六进"主题活动，完善工作标准，建立长效机制。

特别是农业、农村和农民问题，始终是关系党和人民事业发展的全局性和根本性问题。党中央、国务院发布的《关于推进社会主义新农村建设的若干意见》中明确提出要"加强农村法制建设，深入开展农村普法教育，增强农民的法制观念，提高农民依法行使权利和履行义务的自觉性。"多年普法实践证明，普及法律知识，提高法制观念，增强全社会依法办事意识具有重要作用。特别是在广大农村进行普法教育，是提高全民法律素质的需要。

多年来，我国在农村实行的改革开放取得了极大成功，农村发生了翻天覆地的变化，广大农民生活水平大大得到了提高。但是，由于历史和社会等原因，现阶段我国一些地区农民文化素质还不高，不学法、不懂法、不守法现象虽然较原来有所改变，但仍有相当一部分群众的法制观念仍很淡化，不懂、不愿借助法律来保护自身权益，这就极易受到不法的侵害，或极易进行违法犯罪活动，严重阻碍了全面建成小康社会和新农村步伐。

为此，根据党和政府的指示精神以及普法规划，特别是根据广大农村农民的现状，在有关部门和专家的指导下，特别编辑了这套《全国普法学习读本》。主要包括了广大人民群众应知应懂、实际实用的法律法规。为了辅导学习，附录还收入了相应法律法规的条例准则、实施细则、解读解答、案例分析等；同时为了突出法律法规的实际实用特点，兼顾地方性和特殊性，附录还收入了部分某些地方性法律法规以及非法律法规的政策文件、管理制度、应用表格等内容，拓展了本书的知识范围，使法律法规更"接地气"，便于读者学习掌握和实际应用。

在众多法律法规中，我们通过甄别，淘汰了废止的，精选了最新的、权威的和全面的。但有部分法律法规有些条款不适应当下情况了，却没有颁布新的，我们又不能擅自改动，只得保留原有条款，但附录却有相应的补充修改意见或通知等。众多法律法规根据不同内容和受众特点，经过归类组合，优化配套。整套普法读本非常全面系统，具有很强的学习性、实用性和指导性，非常适合用于广大农村和城乡普法学习教育与实践指导。总之，是全国全民普法的良好读本。

目　录

基本农田保护条例

第一章　总　则 ………………………………………………（1）

第二章　划　定 ………………………………………………（3）

第三章　保　护 ………………………………………………（4）

第四章　监督管理 ……………………………………………（7）

第五章　法律责任 ……………………………………………（8）

第六章　附　则 ………………………………………………（9）

附　录

　省级政府耕地保护责任目标考核办法 …………………（10）

　国土资源部、农业部关于全面划定永久基本农田实行

　　特殊保护的通知 ………………………………………（16）

　国土资源部关于全面实行永久基本农田特殊保护的通知 …（26）

　国土资源部耕地保护司负责人解读《关于全面实行

　　永久基本农田特殊保护的通知》 ……………………（36）

　调控和监测司关于以永久基本农田保护区划定为抓手，

　　切实加强土壤环境质量监管的提案复文摘要 …………（42）

　调控和监测司关于保护农田、清理僵尸企业，

　　化解产能过剩的建议复文摘要 ………………………（46）

　中共中央　国务院关于加强耕地保护和

　　改进占补平衡的意见 …………………………………（48）

国土资源部关于改进管理方式切实落实

耕地占补平衡的通知 ……………………………………（57）

关于土壤污染防治

土壤污染防治行动计划 ……………………………………（62）

农用地土壤环境管理办法（试行） ………………………（84）

污染地块土壤环境管理办法（试行） ……………………（93）

农田水利条例

第一章　总　则 …………………………………………（102）

第二章　规　划 …………………………………………（103）

第三章　工程建设 ………………………………………（105）

第四章　工程运行维护 …………………………………（106）

第五章　灌溉排水管理 …………………………………（109）

第六章　保障与扶持 ……………………………………（110）

第七章　法律责任 ………………………………………（111）

第八章　附　则 …………………………………………（112）

附　录

国家发展改革委印发关于支持贫困地区农林水利

基础设施建设推进脱贫攻坚的指导意见 ……………（113）

跨省域补充耕地国家统筹管理办法

第一章　总　则 …………………………………………（120）

第二章　申请补充耕地国家统筹 ………………………（122）

第三章　落实国家统筹补充耕地 ………………………（124）

第四章　监管考核 ……………………………………（125）

第五章　附　则 ………………………………………（126）

中华人民共和国耕地占用税暂行条例

中华人民共和国耕地占用税暂行条例 ………………（127）

中华人民共和国耕地占用税暂行条例实施细则 …………（131）

基本农田保护条例

中华人民共和国国务院令

第 588 号

《国务院关于废止和修改部分行政法规的决定》已经 2010 年 12 月 29 日国务院第 138 次常务会议通过，现予公布，自公布之日起施行。

总理　温家宝

二〇一一年一月八日

（1998 年 12 月 27 日中华人民共和国国务院令第 257 号发布；根据 2011 年 1 月 8 日《国务院关于废止和修改部分行政法规的决定》修订）

第一章　总　则

第一条　为了对基本农田实行特殊保护，促进农业生产和社会经济的可持续发展，根据《中华人民共和国农业法》和《中华人民共和国土地管理法》，制定本条例。

第二条　国家实行基本农田保护制度。

本条例所称基本农田，是指按照一定时期人口和社会经济发展对农产品的需求，依据土地利用总体规划确定的不得占用的耕地。

本条例所称基本农田保护区，是指为对基本农田实行特殊保护而依据土地利用总体规划和依照法定程序确定的特定保护区域。

第三条　基本农田保护实行全面规划、合理利用、用养结合、严格保护的方针。

第四条　县级以上地方各级人民政府应当将基本农田保护工作纳入国民经济和社会发展计划，作为政府领导任期目标责任制的一项内容，并由上一级人民政府监督实施。

第五条　任何单位和个人都有保护基本农田的义务，并有权检举、控告侵占、破坏基本农田和其他违反本条例的行为。

第六条　国务院土地行政主管部门和农业行政主管部门按照国务院规定的职责分工，依照本条例负责全国的基本农田保护管理工作。

县级以上地方各级人民政府土地行政主管部门和农业行政主管部门按照本级人民政府规定的职责分工，依照本条例负责本行政区域内的基本农田保护管理工作。

乡（镇）人民政府负责本行政区域内的基本农田保护管理工作。

第七条　国家对在基本农田保护工作中取得显著成绩的单位和个人，给予奖励。

第二章　划　定

第八条　各级人民政府在编制土地利用总体规划时，应当将基本农田保护作为规划的一项内容，明确基本农田保护的布局安排、数量指标和质量要求。

县级和乡（镇）土地利用总体规划应当确定基本农田保护区。

第九条　省、自治区、直辖市划定的基本农田应当占本行政区域内耕地总面积的百分之八十以上，具体数量指标根据全国土地利用总体规划逐级分解下达。

第十条　下列耕地应当划入基本农田保护区，严格管理：

（一）经国务院有关主管部门或者县级以上地方人民政府批准确定的粮、棉、油生产基地内的耕地；

（二）有良好的水利与水土保持设施的耕地，正在实施改造计划以及可以改造的中、低产田；

（三）蔬菜生产基地；

（四）农业科研、教学试验田。

根据土地利用总体规划，铁路、公路等交通沿线，城市和村庄、集镇建设用地区周边的耕地，应当优先划入基本农田保护区；需要退耕还林、还牧、还湖的耕地，不应当划入基本农田保护区。

第十一条　基本农田保护区以乡（镇）为单位划区定界，

由县级人民政府土地行政主管部门会同同级农业行政主管部门组织实施。

划定的基本农田保护区，由县级人民政府设立保护标志，予以公告，由县级人民政府土地行政主管部门建立档案，并抄送同级农业行政主管部门。任何单位和个人不得破坏或者擅自改变基本农田保护区的保护标志。

基本农田划区定界后，由省、自治区、直辖市人民政府组织土地行政主管部门和农业行政主管部门验收确认，或者由省、自治区人民政府授权设区的市、自治州人民政府组织土地行政主管部门和农业行政主管部门验收确认。

第十二条　划定基本农田保护区时，不得改变土地承包者的承包经营权。

第十三条　划定基本农田保护区的技术规程，由国务院土地行政主管部门会同国务院农业行政主管部门制定。

第三章　保　护

第十四条　地方各级人民政府应当采取措施，确保土地利用总体规划确定的本行政区域内基本农田的数量不减少。

第十五条　基本农田保护区经依法划定后，任何单位和个人不得改变或者占用。国家能源、交通、水利、军事设施等重点建设项目选址确实无法避开基本农田保护区，需要占用基本农田，涉及农用地转用或者征收土地的，必须经国务院批准。

第十六条　经国务院批准占用基本农田的，当地人民政府应当按照国务院的批准文件修改土地利用总体规划，并补充划入数量和质量相当的基本农田。占用单位应当按照占多少、垦多少的原则，负责开垦与所占基本农田的数量与质量相当的耕地；没有条件开垦或者开垦的耕地不符合要求的，应当按照省、自治区、直辖市的规定缴纳耕地开垦费，专款用于开垦新的耕地。

占用基本农田的单位应当按照县级以上地方人民政府的要求，将所占用基本农田耕作层的土壤用于新开垦耕地、劣质地或者其他耕地的土壤改良。

第十七条 禁止任何单位和个人在基本农田保护区内建窑、建房、建坟、挖砂、采石、采矿、取土、堆放固体废弃物或者进行其他破坏基本农田的活动。

禁止任何单位和个人占用基本农田发展林果业和挖塘养鱼。

第十八条 禁止任何单位和个人闲置、荒芜基本农田。经国务院批准的重点建设项目占用基本农田的，满1年不使用而又可以耕种并收获的，应当由原耕种该幅基本农田的集体或者个人恢复耕种，也可以由用地单位组织耕种；1年以上未动工建设的，应当按照省、自治区、直辖市的规定缴纳闲置费；连续2年未使用的，经国务院批准，由县级以上人民政府无偿收回用地单位的土地使用权；该幅土地原为农民集体所有的，应当交由原农村集体经济组织恢复耕种，重新划入基本农田保护区。

承包经营基本农田的单位或者个人连续2年弃耕抛荒的，原发包单位应当终止承包合同，收回发包的基本农田。

第十九条 国家提倡和鼓励农业生产者对其经营的基本农田施用有机肥料，合理施用化肥和农药。利用基本农田从事农业生产的单位和个人应当保持和培肥地力。

第二十条 县级人民政府应当根据当地实际情况制定基本农田地力分等定级办法，由农业行政主管部门会同土地行政主管部门组织实施，对基本农田地力分等定级，并建立档案。

第二十一条 农村集体经济组织或者村民委员会应当定期评定基本农田地力等级。

第二十二条 县级以上地方各级人民政府农业行政主管部门应当逐步建立基本农田地力与施肥效益长期定位监测网点，定期向本级人民政府提出基本农田地力变化状况报告以及相应的地力保护措施，并为农业生产者提供施肥指导服务。

第二十三条 县级以上人民政府农业行政主管部门应当会同同级环境保护行政主管部门对基本农田环境污染进行监测和评价，并定期向本级人民政府提出环境质量与发展趋势的报告。

第二十四条 经国务院批准占用基本农田兴建国家重点建设项目的，必须遵守国家有关建设项目环境保护管理的规定。在建设项目环境影响报告书中，应当有基本农田环境保护方案。

第二十五条 向基本农田保护区提供肥料和作为肥料的城市垃圾、污泥的，应当符合国家有关标准。

第二十六条 因发生事故或者其他突然性事件，造成或者可能造成基本农田环境污染事故的，当事人必须立即采取措施处理，并向当地环境保护行政主管部门和农业行政主管部门报告，接受调查处理。

第四章　监督管理

第二十七条　在建立基本农田保护区的地方，县级以上地方人民政府应当与下一级人民政府签订基本农田保护责任书；乡（镇）人民政府应当根据与县级人民政府签订的基本农田保护责任书的要求，与农村集体经济组织或者村民委员会签订基本农田保护责任书。

基本农田保护责任书应当包括下列内容：

（一）基本农田的范围、面积、地块；

（二）基本农田的地力等级；

（三）保护措施；

（四）当事人的权利与义务；

（五）奖励与处罚。

第二十八条　县级以上地方人民政府应当建立基本农田保护监督检查制度，定期组织土地行政主管部门、农业行政主管部门以及其他有关部门对基本农田保护情况进行检查，将检查情况书面报告上一级人民政府。被检查的单位和个人应当如实提供有关情况和资料，不得拒绝。

第二十九条　县级以上地方人民政府土地行政主管部门、农业行政主管部门对本行政区域内发生的破坏基本农田的行为，有权责令纠正。

第五章 法律责任

第三十条 违反本条例规定，有下列行为之一的，依照《中华人民共和国土地管理法》和《中华人民共和国土地管理法实施条例》的有关规定，从重给予处罚：

（一）未经批准或者采取欺骗手段骗取批准，非法占用基本农田的；

（二）超过批准数量，非法占用基本农田的；

（三）非法批准占用基本农田的；

（四）买卖或者以其他形式非法转让基本农田的。

第三十一条 违反本条例规定，应当将耕地划入基本农田保护区而不划入的，由上一级人民政府责令限期改正；拒不改正的，对直接负责的主管人员和其他直接责任人员依法给予行政处分或者纪律处分。

第三十二条 违反本条例规定，破坏或者擅自改变基本农田保护区标志的，由县级以上地方人民政府土地行政主管部门或者农业行政主管部门责令恢复原状，可以处 1000 元以下罚款。

第三十三条 违反本条例规定，占用基本农田建窑、建房、建坟、挖砂、采石、采矿、取土、堆放固体废弃物或者从事其他活动破坏基本农田，毁坏种植条件的，由县级以上人民政府土地行政主管部门责令改正或者治理，恢复原种植条件，处占用基本农田的耕地开垦费 1 倍以上 2 倍以下的罚款；构成犯罪的，依法追究刑事责任。

第三十四条 侵占、挪用基本农田的耕地开垦费，构成犯罪的，依法追究刑事责任；尚不构成犯罪的，依法给予行政处分或者纪律处分。

第六章　附　　则

第三十五条 省、自治区、直辖市人民政府可以根据当地实际情况，将其他农业生产用地划为保护区。保护区内的其他农业生产用地的保护和管理，可以参照本条例执行。

第三十六条 本条例自 1999 年 1 月 1 日起施行。1994 年 8 月 18 日国务院发布的《基本农田保护条例》同时废止。

附　录

省级政府耕地保护责任目标考核办法

国务院办公厅关于印发
《省级政府耕地保护责任目标考核办法》的通知
国办发〔2018〕2 号

各省、自治区、直辖市人民政府，国务院各部委、各
直属机构：

经国务院同意，现将修订后的《省级政府耕地保
护责任目标考核办法》印发给你们，请认真贯彻执行。
2005 年 10 月 28 日经国务院同意、由国务院办公厅印
发的《省级政府耕地保护责任目标考核办法》同时
废止。

国务院办公厅
2018 年 1 月 3 日

第一章　总　则

第一条　为贯彻落实《中共中央 国务院关于加强耕地保护

和改进占补平衡的意见》，坚持最严格的耕地保护制度和最严格的节约用地制度，守住耕地保护红线，严格保护永久基本农田，建立健全省级人民政府耕地保护责任目标考核制度，依据《中华人民共和国土地管理法》和《基本农田保护条例》等法律法规的规定，制定本办法。

第二条　各省、自治区、直辖市人民政府对《全国土地利用总体规划纲要》（以下简称《纲要》）确定的本行政区域内的耕地保有量、永久基本农田保护面积以及高标准农田建设任务负责，省长、自治区主席、直辖市市长为第一责任人。

第三条　国务院对各省、自治区、直辖市人民政府耕地保护责任目标履行情况进行考核，由国土资源部会同农业部、国家统计局（以下称考核部门）负责组织开展考核检查工作。

第四条　省级政府耕地保护责任目标考核在耕地占补平衡、高标准农田建设等相关考核评价的基础上综合开展，实行年度自查、期中检查、期末考核相结合的方法。

年度自查每年开展1次，由各省、自治区、直辖市自行组织开展；从2016年起，每五年为一个规划期，期中检查在每个规划期的第三年开展1次，由考核部门组织开展；期末考核在每个规划期结束后的次年开展1次，由国务院组织考核部门开展。

第五条　考核部门会同有关部门，根据《纲要》确定的相关指标和高标准农田建设任务、补充耕地国家统筹、生态退耕、灾毁耕地等实际情况，对各省、自治区、直辖市耕地保有量和永久基本农田保护面积等提出考核检查指标建议，经国务院批准后，由考核部门下达，作为省级政府耕地保护责任目标。

第六条　全国土地利用变更调查提供的各省、自治区、直辖市耕地面积、生态退耕面积、永久基本农田面积数据以及耕地质量调查评价与分等定级成果，作为考核依据。

各省、自治区、直辖市人民政府要按照国家统一规范，加强对耕地、永久基本农田保护和高标准农田建设等的动态监测，在考核年向考核部门提交监测调查资料，并对数据的真实性负责。

考核部门依据国土资源遥感监测"一张图"和综合监管平台以及耕地质量监测网络，采用抽样调查和卫星遥感监测等方法和手段，对耕地、永久基本农田保护和高标准农田建设等情况进行核查。

第七条 省级政府耕地保护责任目标考核遵循客观、公开、公正，突出重点、奖惩并重的原则，年度自查、期中检查和期末考核采用定性与定量相结合的综合评价方法，结果采用评分制，满分为100分。考核检查基本评价指标由考核部门依据《中华人民共和国土地管理法》、《基本农田保护条例》等共同制定，并根据实际情况需要适时进行调整完善。

第二章 年度自查

第八条 各省、自治区、直辖市人民政府按照本办法的规定，结合考核部门年度自查工作要求和考核检查基本评价指标，每年组织自查。主要检查所辖市（县）上一年度的耕地数量变化、耕地占补平衡、永久基本农田占用和补划、高标准农田建设、耕地质量保护与提升、耕地动态监测等方面情况，涉及补充耕地国家统筹的省份还应检查该任务落实情况。

第九条 各省、自治区、直辖市人民政府应于每年6月底前向考核部门报送自查情况。考核部门根据自查情况和有关督察检查情况，将有关情况向各省、自治区、直辖市通报，并纳入省级政府耕地保护责任目标期末考核。

第三章　期中检查

第十条　省级政府耕地保护责任目标期中检查按照耕地保护工作任务安排实施，主要检查规划期前两年各地区耕地数量变化、耕地占补平衡、永久基本农田占用和补划、高标准农田建设、耕地质量保护与提升、耕地保护制度建设以及补充耕地国家统筹等方面情况。

第十一条　各省、自治区、直辖市人民政府按照本办法和考核部门期中检查工作要求开展自查，在期中检查年的6月底前向考核部门报送自查报告。考核部门根据情况选取部分省份进行实地抽查，结合各省份省级自查、实地抽查和相关督察检查等对各省耕地保护责任目标落实情况进行综合评价、打分排序，形成期中检查结果报告。

第十二条　期中检查结果由考核部门向各省、自治区、直辖市通报，纳入省级政府耕地保护责任目标期末考核，并向国务院报告。

第四章　期末考核

第十三条　省级政府耕地保护责任目标期末考核内容主要包括耕地保有量、永久基本农田保护面积、耕地数量变化、耕地占补平衡、永久基本农田占用和补划、高标准农田建设、耕地质量保护与提升、耕地保护制度建设等方面情况。涉及补充耕地国家统筹的有关省份，考核部门可以根据国民经济和社会发展规划纲要以及耕地保护工作进展情况，对其耕地保护目标、永久基本农田保护目标等考核指标作相应调整。

第十四条 各省、自治区、直辖市人民政府按照本办法和考核部门期末考核工作要求开展自查，在规划期结束后次年的 6 月底前向国务院报送耕地保护责任目标任务完成情况自查报告，并抄送考核部门。省级人民政府对自查情况及相关数据的真实性、准确性和合法性负责。

第十五条 考核部门对各省、自治区、直辖市人民政府耕地保护责任目标履行情况进行全面抽查，根据省级自查、实地抽查和年度自查、期中检查等对各省份耕地保护责任目标落实情况进行综合评价、打分排序，形成期末考核结果报告。

第十六条 考核部门在规划期结束后次年的 10 月底前将期末考核结果报送国务院，经国务院审定后，向社会公告。

第五章 奖 惩

第十七条 国务院根据考核结果，对认真履行省级政府耕地保护责任、成效突出的省份给予表扬；有关部门在安排年度土地利用计划、土地整治工作专项资金、耕地提质改造项目和耕地质量提升资金时予以倾斜。考核发现问题突出的省份要明确提出整改措施，限期进行整改；整改期间暂停该省、自治区、直辖市相关市、县农用地转用和土地征收审批。

第十八条 省级政府耕地保护责任目标考核结果，列为省级人民政府主要负责人综合考核评价的重要内容，年度自查、期中检查和期末考核结果抄送中央组织部、国家发展改革委、财政部、审计署、国家粮食局等部门，作为领导干部综合考核评价、生态文明建设目标评价考核、粮食安全省长责任制考核、领导干部问责和领导干部自然资源资产离任审计的重要依据。

第六章　附　则

第十九条　县级以上地方人民政府应当根据本办法，结合本行政区域实际情况，制定下一级人民政府耕地保护责任目标考核办法。

第二十条　本办法自印发之日起施行。2005 年 10 月 28 日经国务院同意、由国务院办公厅印发的《省级政府耕地保护责任目标考核办法》同时废止。

国土资源部、农业部关于全面划定永久基本农田实行特殊保护的通知

国土资规〔2016〕10 号

为贯彻落实今年中央 1 号文件和《政府工作报告》的部署要求，加快实施国务院同意的《全国土地利用总体规划纲要（2006—2020 年）调整方案》（以下简称《全国规划调整方案》），落实永久基本农田保护目标任务，全面完成永久基本农田划定工作，加强特殊保护，现就有关事项通知如下：

一、深刻认识全面划定永久基本农田的重大意义

（一）全面划定永久基本农田是保障国家粮食安全，提高粮食综合生产能力的重大举措。耕地是我国最为宝贵的资源，是国家粮食安全的基石。人均耕地少，耕地质量总体不高，耕地后备资源不足，是我国最基本的国情。尽管我国粮食生产实现"十二连增"，但随着人口增长和消费结构升级，未来一个时期我国粮食需求仍呈刚性增长态势，处于紧平衡状态。把最优质、最精华、生产能力最好的耕地划为永久基本农田，集中资源、集聚力量实行特殊保护，是实施"藏粮于地、藏粮于技"战略的重大举措，有利于巩固提升粮食综合生产能力，确保谷物基本自给、口粮绝对安全。

（二）全面划定永久基本农田是推动节约集约用地，促进生态文明建设的重要途径。耕地是农业生态系统的重要基础，具有重要生态功能。划定永久基本农田，实行特殊保护，与森林、

河流、湖泊、山体等共同形成城市生态屏障，成为城市开发的实体边界，有利于进一步倒逼城市节约集约用地，优化城乡生产、生活、生态空间格局，引导城市走串联式、组团式、卫星城式发展之路，促进城镇化转型发展；有利于缓解资源环境承载压力，为建设海绵城市、建设生态文明共同体提供支撑，促进城乡绿色发展。

（三）全面划定永久基本农田是推动农村发展和农业现代化建设，维护农民权益的重要保障。耕地是农村发展和农业现代化的根基命脉。划定永久基本农田，推动落地到户，有利于筑牢农村土地制度改革底线，巩固农民的土地承包经营权，增加农民收入，切实维护广大农民权益；有利于支撑现代农业、都市农业发展，推动农业适度规模经营，促进农业转型发展；有利于推动实施退耕还林还草、耕地休养生息和合理利用，为农业转方式调结构提供更大空间，为传承农耕文化提供物质基础。

二、准确把握永久基本农田划定总体要求

（四）明确永久基本农田划定指导思想。全面贯彻落实党的十八大和十八届三中、四中、五中全会精神，深入学习贯彻习近平总书记系列重要讲话精神，以新发展理念为引领，以处理好农民与土地关系为主线，以确保国家粮食安全为目标，以提升耕地综合生产能力为重点，以"四个不能"为底线（不能把农村土地集体所有制改垮了、不能把耕地改少了、不能把粮食生产能力改弱了、不能把农民利益损害了），坚持目标导向和问题导向，坚持先难后易方法路径，坚持齐抓共管工作格局，全面划定永久基本农田并实行特殊保护，建立粮食生产功能区和重要农产品生产保护区，实现耕地数量、质量、生态"三位一体"保护,为促进农业现代化、新型城镇化健康发展和生态文明建设提供坚实资源基础。

(五)明确永久基本农田划定基本原则。坚持依法依规、规范划定。根据《土地管理法》和《基本农田保护条例》有关规定,按照土地利用总体规划(以下简称"规划")调整完善确定的目标任务,规范有序开展全域永久基本农田划定工作。坚持统筹规划、协调推进。永久基本农田划定要与规划调整完善协同推进,两者互为基础、互为条件。城市周边和全域永久基本农田划定要充分衔接,划定成果要全部纳入地方各级规划调整方案,两项工作统一方案编制,同步完成。坚持保护优先、优化布局。永久基本农田划定和规划调整完善要按照总体稳定、局部微调、应保尽保、量质并重的要求,优先确定永久基本农田布局,把城市周边"围住"、把公路沿线"包住",优化国土空间开发格局。坚持优进劣出、提升质量。落实国务院土壤污染防治行动计划,将重点地区、重点部位优先保护类和安全利用类耕地优先划入,将受重度污染的严格控制类耕地及其他质量低下耕地按照质量由低到高的顺序依次划出,提升耕地质量,保证农业生产环境安全。坚持特殊保护、管住管好。加强和完善对永久基本农田管控性、建设性和激励约束性保护政策,严格落实永久基本农田保护责任,强化全面监测监管,建立健全"划、建、管、护"长效机制。

(六)明确永久基本农田划定目标任务。将《全国规划调整方案》确定的全国15.46亿亩基本农田保护目标任务落实到用途管制分区,落实到图斑地块,与农村土地承包经营权确权登记颁证工作相结合,实现上图入库、落地到户,确保划足、划优、划实，实现定量、定质、定位、定责保护，划准、管住、建好、守牢永久基本农田。

三、统筹做好永久基本农田划定与规划调整完善

（七）加快分解下达各级永久基本农田保护目标任务。永久基本农田划定是规划调整完善的核心任务。各地要及时将《全国规划调整方案》确定的永久基本农田保护目标任务逐级分解下达到市县乡，市县乡要依据分解下达的目标任务逐级落实永久基本农田保护布局安排。市级规划要优先划定城市周边永久基本农田，确定永久基本农田集中区；县级规划要优先确定永久基本农田布局，落实到用途管制分区；乡级规划要将县级规划确定的永久基本农田保护区落实到图斑、地块。县乡级规划要根据当地实际确定基本农田整备区，推动零星耕地的整合归并、提质改造。各级规划调整方案要有永久基本农田划定和保护专门章节，明确全域及城市周边保护目标任务和布局安排，明确保护、建设和监管等措施。

（八）编制各级永久基本农田划定方案。各地要根据分解下达的保护任务及相关要求，编制全域永久基本农田划定方案，经同级人民政府同意后，报上一级国土资源、农业主管部门论证审核。省级永久基本农田划定方案主要包括：已有基本农田划定和保护成果，永久基本农田目标任务分解下达情况，城市周边划定任务落实情况等。市、县级永久基本农田划定方案还应包括全域永久基本农田划定情况（包括数量、质量、布局、地类、落实到图斑地块等），划入划出情况及依据等。市、县级国土资源、农业主管部门要在同级人民政府的组织领导下，依据上级规划分解下达的保护目标任务，根据第二次全国土地调

查、2014 年度土地变更调查、耕地质量等别调查与评价、耕地地球化学调查、耕地地力调查与质量评价、土地整治与高标准农田建设等成果，以已有基本农田划定和保护成果、城市周边永久基本农田划定成果为基础，按照空间由近及远、质量由高到低的顺序，在城市周边以外区域划足补齐永久基本农田保护面积。要按照《关于进一步做好永久基本农田划定工作的通知》（国土资发〔2014〕128 号）及相关要求，严格落实永久基本农田优进劣出要求。在确保全域永久基本农田保护目标任务完成的前提下，将零星分散、规模过小、不易耕作、质量较差等不宜作为永久基本农田的耕地，按照质量由低到高的顺序依次划出。对于省级规划调整后 2020 年耕地保有量低于现行土地利用总体规划安排的，符合永久基本农田布局要求的现状基本农田，一律继续保留划定为永久基本农田。不得随意改变已有基本农田保护布局，不得擅自把不稳定耕地、劣地、坡地、生地划为永久基本农田。

（九）严格各级永久基本农田划定方案的论证审核。划定永久基本农田是土地利用总体规划调整完善的前置条件。各级永久基本农田划定方案论证审核工作按照上报一批、审核一批的方式同步开展。各级规划调整方案报批前，应先行完成同级永久基本农田划定方案论证审核，论证审核通过的，出具审核意见，作为规划调整方案报批的必备要件；论证审核未通过的，上级政府不得批准下级规划。31 个省（区、市）永久基本农田划定方案由国土资源部、农业部（以下简称"两部"）审核；报国务院审批土地利用总体规划的城市及其他地级市永久基本农田划定方案由省级国土资源、农业主管部门论证审核；县乡级永久基本农田划定方案一并编制，由市级国土资源、农业主管部门论证审核。省级永久基本农田划定方案重点审核划定任务是否达到规划目标，划定目标任务是否分解下达，城市周边划定任务是否落实，调整依据是否充分等。市、县级划定方案还应重点审核划定任务是否落实到图斑地块、地类是否符合划定要求、质量是否提高、布局是否稳定、划入划出依据是否充分、城市周边划定任务是否落实、核实举证材料是否合规等。论证审核程序、标准和具体要求，由各省（区、市）国土资源、农业主管部门按照两部相关规定，结合本地实际制定。城市周边范围内因重点建设项目急需落地或地类不符合划定要求等原因确需对基本农田布局进行调整的，可以按照城市周边"范围不变、面积不减、质量不降"的原则进行局部微调，提供证明材料，在划定方案中予以说明。

四、切实落实全面划定各项任务

（十）全面落实永久基本农田划定上图入库、落地到户。市县级国土资源、农业主管部门，要在同级人民政府的统一组织下，依据规划调整方案核定的永久基本农田划定任务和永久基本农田划定方案，全面落实永久基本农田"落地块、明责任、设标志、建表册、入图库"等工作任务，及时形成永久基本农田划定成果。要将永久基本农田图斑落到地块，确定边界、面积、地类、质量等级信息以及片（块）编号，真正落地块；要逐级签订保护责任书，将保护责任逐级落实到地方各级人民政府，落实到村组、农户，有条件的地方，要结合农村土地承包经营权确权登记颁证，将划定的永久基本农田记载到农村土地承包经营权证，层层明责任；要补充更新标志、标识牌，在交通沿线、城市周边显著位置增设永久基本农田保护标志牌，昭示社会、接受监督，及时设标志；要把永久基本农田保护图和数量、质量、责任信息等及时整理汇集，确保真实、完整、准确，全面建表册；要按照《基本农田数据库标准》（TD/T1019—2009）及相关数据库建设要求，及时更新完善现有永久基本农田数据库，将永久基本农田相关信息对应到图斑，做到图、数、地相一致，加强耕地数量、质量信息共享，系统入图库。

（十一）认真做好永久基本农田划定成果验收工作。各省（区、市）（或授权设区的市、自治州）国土资源、农业主管部门要在政府统一组织下，按照县级自验、市级初验、省级验收自下而上的程序，及时对各市县永久基本农田划定成果进行验收。永久基本农田划定成果，包括永久基本农田划定总结报告、保护图表册、数据库、保护责任书和保护标志设立情况等。地方各级国土资源、农业主管部门对本行政区域永久基本农田划定成果信息的真实性、合法性、合规性负责。两部将按照有关规定对永久基本农田划定成果进行复核。永久基本农田数据库复核合格后，要与规划调整完善数据库一并纳入国土资源遥感监测"一张图"和综合监管平台，作为土地审批、卫片执法、土地督察的重要依据。

五、实行永久基本农田特殊保护

（十二）从严管控非农建设占用永久基本农田。永久基本农田一经划定，任何单位和个人不得擅自占用，或者擅自改变用途。除法律规定的能源、交通、水利、军事设施等国家重点建设项目选址无法避让的外，其他任何建设都不得占用，坚决防止永久基本农田"非农化"。不得多预留一定比例永久基本农田为建设占用留有空间，不得随意改变永久基本农田规划区边界特别是城市周边永久基本农田。符合法定条件的，需占用和改变永久基本农田的，必须经过可行性论证，确实难以避让的，应当将土地利用总体规划调整方案和永久基本农田补划方案一并报国务院批准，及时补划数量相等、质量相当的永久基本农田。（十三）加大永久基本农田建设力度。各地要加大财政投入力度，整合涉农资金，吸引社会投资，在永久基本农田保护区和整备区开展高标准农田建设和土地整治。全面推行建设占用耕地耕作层剥离再利用，占用永久基本农田的单位应当按照县级以上地方人民政府的要求，将所占用永久基本农田耕作层的土壤用于新开垦耕地、劣质地或者其他耕地的土壤改良。实施耕地质量保护与提升行动，加大土壤改良、地力培肥与治理修复力度，不断提高永久基本农田质量。新建成的高标准农田应当优先划为永久基本农田，作为改变或占用基本农田的补划基础。

（十四）建立完善永久基本农田保护激励机制。各地要加强调查研究和实践探索，完善耕地保护特别是永久基本农田保护政策措施。与整合有关涉农补贴政策、完善粮食主产区利益补偿机制相衔接，与生态补偿机制联动，鼓励有条件的地区建立耕地保护基金，建立和完善耕地保护激励机制，对农村集体经济组织、农民管护、改良和建设永久基本农田进行补贴，调动广大农民保护永久基本农田的积极性。

（十五）切实落实永久基本农田保护责任。强化地方各级政府永久基本农田保护主体责任，严格考核审计，实现省级政府耕地保护责任目标考核和粮食安全省长责任制考核联动，推动地方政府建立健全领导干部耕地保护离任审计制度，考核审计结果作为对领导班子和领导干部综合考核评价的参考依据。坚持党政同责，严格执行《党政领导干部生态环境损害责任追究办法（试行）》。严肃执法监督，对违法违规占用、破坏永久基本农田的行为要严厉查处、重典问责。

六、切实将永久基本农田划定工作落到实处

（十六）加强领导，落实责任。划好守住永久基本农田是地方各级政府的法定责任。各级国土资源、农业主管部门要在地方政府领导下，增强大局意识和责任意识，认真谋划、精心部署，扎实推动划定工作依法有序开展。各省（区、市）要层层落实工作责任，按照任务部署、工作方法和技术规程，协调推进规划调整完善和全域永久基本农田划定工作。

（十七）倒排工期，抓紧推进。各地要切实增强做好划定工作的责任感和紧迫感，确保按时、保质、保量完成任务。年底前，要先行完成各级永久基本农田划定方案论证审核，落实各级土地利用总体规划调整方案的报批工作。

（十八）加强指导，强化监督。两部将进一步加强对各省（区、市）全域划定工作的督促指导，及时掌握进展情况，研究解决出现的问题。对工作不力的地方，及时通报，促进整改。各省（区、市）要切实加强对市县工作的督促指导，定期向两部报送永久基本农田划定进展情况。永久基本农田划定和保护已列入省级政府耕地保护责任目标考核和粮食安全省长责任制考核重点内容。2017年上半年，国家土地督察机构将开展全面划定永久基本农田落实情况专项督察。

（十九）正面引导，凝聚共识。各地要充分依靠主流媒体，用好新兴媒体，依托部门媒体，带动地方媒体，创新宣传方式方法，加大舆论宣传和引导力度，搞好政策解读，强化示范引领，拉近与社会公众的距离，凝聚起全社会保护耕地共识，为划定工作营造积极向上的有利环境。

本《通知》有效期三年。

国土资源部　农业部

2016 年 8 月 4 日

国土资源部关于全面实行永久基本农田特殊保护的通知

国土资规〔2018〕1号

各省、自治区、直辖市及副省级城市国土资源主管部门，新疆生产建设兵团国土资源局，中央军委后勤保障部军事设施建设局，国家海洋局、国家测绘地理信息局，中国地质调查局及部其他直属单位，各派驻地方的国家土地督察局，部机关各司局：

为贯彻落实党的十九大精神，按照2018年中央1号文件和《中共中央 国务院关于加强耕地保护和改进占补平衡的意见》（中发〔2017〕4号，以下简称中央4号文件）部署要求，加快构建数量、质量、生态"三位一体"耕地保护新格局，建立健全永久基本农田"划、建、管、补、护"长效机制，全面落实特殊保护制度，现就有关事项通知如下：

一、总体要求

（一）重大意义。耕地是我国最为宝贵的资源，永久基本农田是耕地的精华，完成永久基本农田控制线划定功在当前、利及长远。全面实行永久基本农田特殊保护，是确保国家粮食安全，加快推进农业农村现代化的有力保障，是深化农业供给侧结构性改革，促进经济高质量发展的重要前提，是实施乡村振兴，促进生态文明建设的必然要求，是贯彻落实新发展理念的应有之义、应有之举、应尽之责，对全面建成小康社会、建成社会主义现代化强国具有重大意义。

（二）指导思想。全面贯彻落实党的十九大精神，以习近平新时代中国特色社会主义思想为指导，统筹推进"五位一体"总体布局和协调推进"四个全面"战略布局，牢固树立和贯彻落实新发展理念，坚持农业农村优先发展战略，坚持最严格的耕地保护制度和最严格的节约用地制度，以守住永久基本农田控制线为目标，以建立健全"划、建、管、补、护"长效机制为重点，巩固划定成果，完善保护措施，提高监管水平，逐步构建形成保护有力、建设有效、管理有序的永久基本农田特殊保护格局，筑牢实现"两个一百年"奋斗目标和中华民族伟大复兴中国梦的土地资源基础。

（三）基本原则。坚持保护优先。永久基本农田的保护和管理适用法律中关于基本农田保护和管理的规定。牢固树立山水林田湖草是一个生命共同体理念，实现永久基本农田保护与经济社会发展、乡村振兴、生态系统保护相统筹。坚持从严管控。强化用途管制，加强永久基本农田对各类建设布局的约束和引导，建立健全占用和补划永久基本农田踏勘论证制度，严格控制非农建设占用永久基本农田。坚持补建结合。落实质量兴农战略，加强农村土地综合整治和高标准农田建设，建立和建设永久基本农田整备区，保障永久基本农田综合生产能力。坚持权责一致。充分发挥市场配置资源的决定性作用和更好发挥政府作用，强化永久基本农田保护主体责任，健全管控性、建设性和激励性保护机制，完善监管考核制度，实现永久基本农田保护权责统一。

二、巩固永久基本农田划定成果

（四）守住永久基本农田控制线。已经划定的永久基本农田特别是城市周边永久基本农田不得随意占用和调整。重大建设项目、生态建设、灾毁等经国务院批准占用或依法认定减少永久基本农田的，按照中央4号文件要求，在原县域范围内补划永久基本农田。坚持"保护优先、布局优化、优进劣出、提升质量"的工作原则，坚持"制定方案、调查摸底、核实举证、论证审核、复核质检"的工作程序，按照永久基本农田划定有关要求，补划数量和质量相当的永久基本农田。

（五）统筹永久基本农田保护与各类规划衔接。协同推进生态保护红线、永久基本农田、城镇开发边界三条控制线划定工作。按照中央4号文件要求，将永久基本农田控制线划定成果作为土地利用总体规划的规定内容，在规划批准前先行核定并上图入库、落地到户。各地区各有关部门在编制城乡建设、基础设施、生态建设等相关规划，推进多规合一过程中，在划定生态保护红线、城镇开发边界工作中，要与已划定的永久基本农田控制线充分衔接，原则上不得突破永久基本农田边界。位于国家自然保护区核心区内的永久基本农田，经论证确定可逐步退出，按照永久基本农田划定规定原则上在该县域内补划。

三、加强永久基本农田建设

（六）开展永久基本农田整备区建设。永久基本农田整备区是指具有良好农田基础设施，具备调整补充为永久基本农田条件的耕地集中分布区域。各省（区、市）国土资源主管部门要在划定永久基本农田控制线基础上，结合当地实际，组织开展零星分散耕地的整合归并、提质改造等工作，整治后形成的集中连片、质量提升的耕地，经验收评估合格后，划入永久基本农田整备区。建成高标准农田的，优先纳入永久基本农田整备区，用于补充占用或减少的永久基本农田。各县（市、区）永久基本农田整备区规模原则上不低于永久基本农田保护目标任务的1%，具体比例由当地国土资源主管部门确定。

（七）加强永久基本农田质量建设。根据全国高标准农田建设总体规划和全国土地整治规划安排，整合各类涉农资金，吸引社会资本投入，优先在永久基本农田保护区和整备区开展高标准农田建设，推动土地整治工程技术创新和应用，逐步将已划定的永久基本农田全部建成高标准农田，有效稳定永久基本农田规模布局，提升耕地质量，改善生态环境。全面推行建设占用永久基本农田耕作层土壤剥离再利用，剥离的表土优先用于新增耕地、劣质地或永久基本农田整备区的土壤改良，拓宽永久基本农田建设性保护途径。

四、强化永久基本农田管理

（八）从严管控非农建设占用永久基本农田。永久基本农田一经划定，任何单位和个人不得擅自占用或者擅自改变用途，不得多预留一定比例永久基本农田为建设占用留有空间，严禁通过擅自调整县乡土地利用总体规划规避占用永久基本农田的审批，严禁未经审批违法违规占用。按有关要求，重大建设项目选址确实难以避让永久基本农田的，在可行性研究阶段，省级国土资源主管部门负责组织对占用的必要性、合理性和补划方案的可行性进行论证，报国土资源部进行用地预审；农用地转用和土地征收依法依规报国务院批准。

（九）坚决防止永久基本农田"非农化"。永久基本农田必须坚持农地农用，禁止任何单位和个人在永久基本农田保护区范围内建窑、建房、建坟、挖沙、采石、采矿、取土、堆放固体废弃物或者进行其他破坏永久基本农田的活动；禁止任何单位和个人破坏永久基本农田耕作层；禁止任何单位和个人闲置、荒芜永久基本农田；禁止以设施农用地为名违规占用永久基本农田建设休闲旅游、仓储厂房等设施；对利用永久基本农田进行农业结构调整的要合理引导，不得对耕作层造成破坏。临时用地和设施农用地原则上不得占用永久基本农田，重大建设项目施工和地质勘查临时用地选址确实难以避让永久基本农田的，直接服务于规模化粮食生产的粮食晾晒、粮食烘干、粮食和农资临时存放、大型农机具临时存放等用地确实无法避让永久基本农田的，在不破坏永久基本农田耕作层、不修建永久性建（构）筑物的前提下，经省级国土资源主管部门组织论证确需占用且土地复垦方案符合有关规定后，可在规定时间内临时占用永久基本农田，原则上不超过两年，到期后必须及时复垦并恢复原状。

五、量质并重做好永久基本农田补划

（十）明确永久基本农田补划要求。重大建设项目、生态建设、灾毁等占用或减少永久基本农田的，按照"数量不减、质量不降、布局稳定"的要求开展补划，按照法定程序和要求相应修改土地利用总体规划。补划的永久基本农田必须是坡度小于25度的耕地，原则上与现有永久基本农田集中连片，补划数量、质量与占用或减少的永久基本农田相当。占用或减少城市周边永久基本农田的，原则上在城市周边范围内补划，经实地踏勘论证确实难以在城市周边补划的，按照空间由近及远、质量由高到低的要求进行补划。省（区、市）国土资源主管部门要及时组织做好永久基本农田保护责任落实、标志更新和表册完善等工作。

（十一）做好永久基本农田补划论证。占用或减少永久基本农田的，地方国土资源主管部门根据《基本农田划定技术规程》（TD/T 1032-2011），组织做好永久基本农田补划工作，省级国土资源主管部门组织实地踏勘论证并出具论证意见。踏勘论证应对建设占用、生态建设或灾毁等占用或减少的永久基本农田和拟补划耕地的基本情况进行实地勘察，核实空间位置、数量、质量、地类等信息，建设占用的，要对选址选线方案比选和节约集约用地等情况提出意见。省级国土资源主管部门对占用和补划永久基本农田的真实性和准确性负责。永久基本农田补划实地踏勘、论证和说明等要点详见附件。

六、健全永久基本农田保护机制

（十二）强化永久基本农田保护考核机制。按照《省级政府耕地保护责任目标考核办法》（国办发〔2018〕2号）要求，落实地方各级政府保护耕地的主体责任，永久基本农田保护情况作为省级政府耕地保护责任目标考核、粮食安全省长责任制考核、领导干部自然资源资产离任审计的重要内容。永久基本农田特殊保护落实情况与安排年度土地利用计划、土地整治工作专项资金相挂钩。对永久基本农田全天候监测、保护情况考核中发现突出问题的，及时公开通报，要求限期整改，整改期间暂停所在省份相关市、县农用地转用和土地征收申请受理与审查。

（十三）完善永久基本农田保护补偿机制。省级国土资源主管部门要会同相关部门，认真总结地方经验，积极推进中央和地方各类涉农资金整合，按照"谁保护、谁受益"的原则，探索实行耕地保护激励性补偿和跨区域资源性补偿。鼓励有条件的地区建立耕地保护基金，与整合有关涉农补贴政策、完善粮食主产区利益补偿机制相衔接，与生态补偿机制相联动，对承担永久基本农田保护任务的农村集体经济组织和农户给予奖补。

（十四）构建永久基本农田动态监管机制。永久基本农田划定成果作为土地利用总体规划的重要内容，纳入国土资源遥感监测"一张图"和综合监管平台，作为土地审批、卫片执法、土地督察的重要依据。建立永久基本农田监测监管系统，完善永久基本农田数据库更新机制，省级国土资源主管部门负责组织将本地区永久基本农田保护信息变化情况，通过监测监管系统汇交到部，并对接建设用地审批系统，及时更新批准的永久基本农田占用、补划信息。结合土地督察、全天候遥感监测、土地卫片执法检查等，对永久基本农田数量和质量变化情况进行全程跟踪，实现永久基本农田全面动态管理。

七、保障措施

（十五）加强组织领导。划好守住永久基本农田是地方各级政府的法定责任。各省（区、市）国土资源主管部门要根据通知要求，结合实际情况，制定具体实施办法。各级国土资源主管部门要在地方政府领导下，增强大局意识和责任意识，层层落实保护责任目标，全面贯彻执行永久基本农田特殊保护政策，做到任务明确、责任落实、措施有力、奖惩并举，不断开创永久基本农田保护新局面。

（十六）加强督促检查。县级以上国土资源主管部门要强化土地执法监察，及时发现、制止和严肃查处违法乱占耕地特别是永久基本农田的行为，对违法违规占用永久基本农田建窑、建房、建坟、挖砂、采石、取土、堆放固体废弃物或者从事其他活动破坏永久基本农田，毁坏种植条件的，要及时责令限期改正或治理，恢复原种植条件，并按有关法律法规进行处罚，构成犯罪的，依法追究刑事责任；对破坏或擅自改变永久基本农田保护区标志的，要及时责令限期恢复原状。各派驻地方的国家土地督察机构要加强对永久基本农田特殊保护落实情况的监督检查，对督察发现的违法违规问题，及时向地方政府提出整改意见，并督促问题整改。对整改不力的，按规定追究相关责任人责任。

（十七）加强总结宣传。各省（区、市）国土资源主管部门要认真总结推广基层永久基本农田特殊保护的成功经验和做法，强化舆论宣传和社会监督，主动加强永久基本农田特殊保护政策解读，及时回应社会关切，引导全社会树立保护永久基本农田的意识，营造自觉主动保护永久基本农田的良好氛围。

本文件自下发之日起执行，有效期5年。

附件

永久基本农田补划要点

一、占用（减少）永久基本农田概况

详细说明重大建设项目占用、经国务院批准生态建设、依法认定的灾毁等占用或减少永久基本农田的主要类型、具体位置，详细说明拟占用或减少空间位置、具体数量、质量等别和地类等基本情况。

二、占用永久基本农田的必要性

详细说明重大建设项目不同选址选线方案占用永久基本农田比选情况，对拟占用永久基本农田实地踏勘基本情况，充分说明占用永久基本农田的必要性。

三、占用永久基本农田的合理性

说明重大建设项目选址选线拟占用永久基本农田具体数量（包括水田面积）、平均质量等别、空间位置等情况，详细说明通过综合考虑建设成本、工程施工难易度、占用永久基本农田不同情况，选择项目选址选线拟占用永久基本农田的具体方案，明确经实地踏勘，该项目建设方案是否符合供地政策和节约集约用地要求，是否采取工程、技术等措施，减少占用永久基本农田，充分说明用地选址和占用永久基本农田的合理性。

四、永久基本农田占用（减少）和补划情况

将实地踏勘论证后拟占用（减少）永久基本农田的用地范围与永久基本农田划定数据库套合进行分析，以县级行政区为单元，详细说明占用（减少）永久基本农田具体规模（含水田面积）、图斑数量、平均质量等别、空间位置等基本情况。涉及占用（减少）城市周边永久基本农田的，以县级行政区为单元，详细说明城市周边具体规模（含水田面积）、图斑数量、平均质量等别等情况（详见附表1），并附占用（减少）永久基本农田分布示意图（包含城市周边范围线）。

按照永久基本农田划定要求，以县级行政区为单元，详细说明补划永久基本农田规模（含水田面积）、平均质量等别、空间位置等情况。补划城市周边永久基本农田的，以县级行政区为单元，详细说明城市周边补划永久基本农田规模（含水田面积)、平均质量等别、空间位置等情况（详见附表2），并附补划永久基本农田分布示意图（包含城市周边范围线），同时提交补划永久基本农田拐点坐标表（电子版本）。若城市周边确实没有补划空间，需充分说明理由。

若重大建设项目农转用及土地征收报批时与用地预审时选址选线发生调整，需对用地预审时的占用和补划情况、选址选线调整后的占用和补划进行比较说明。

五、结论

明确提出重大建设项目占用是否必要、是否合理，补划的永久基本农田是否通过省级国土资源主管部门论证审核。经国务院批准的生态建设、因依法认定的灾毁等其他原因减少永久基本农田的，提出是否按规定对减少的永久基本农田进行了补划。说明补划永久基本农田后是否影响相关县级行政区永久基本农田保护任务完成。

附表：1.＊＊占用（减少）永久基本农田情况表（略）

2.＊＊占用（减少）永久基本农田补划情况表（略）

国土资源部耕地保护司负责人解读
《关于全面实行永久基本农田特殊保护的通知》

(中华人民共和国国土资源部网站)

永久基本农田是耕地的精华,划定永久基本农田并实行特殊保护是耕地保护工作的重中之重,是国家意志、刚性约束。近日,国土资源部印发《关于全面实行永久基本农田特殊保护的通知》,就全面落实永久基本农田特殊保护制度作出总体部署。

进入新时代,永久基本农田如何继续在巩固、完善、提高、考核上下功夫,切实做到管得住、建得好、守得牢?国土资源部耕地保护司负责人对此回答了记者的提问。

记者:如何准确把握全面实行永久基本农田特殊保护总体要求?

负责人:全面实行永久基本农田特殊保护意义重大。新时代我国社会主要矛盾已转化为人民日益增长的美好生活需要和不平衡不充分的发展之间的矛盾,但人多地少、人均耕地资源少、耕地后备资源不足的基本国情没有改变。耕地是我国最为宝贵的资源,永久基本农田是最优质、最精华、生产能力最好的耕地,划定并守住永久基本农田控制线功在当前、利及长远,是确保国家粮食安全,加快推进农业农村现代化的有力保障,是深化农业供给侧结构性改革,促进经济高质量发展的重要基础,是实施乡村振兴,促进生态文明建设的必然要求,是贯彻落实新发展理念的应有之义、应有之举、应尽之责,对全面建成小康社会、建成社会主义现代化国家具有重大意义。

准确把握全面实行永久基本农田特殊保护总体要求，要全面贯彻落实党的十九大精神，以习近平新时代中国特色社会主义思想为指导，统筹推进"五位一体"总体布局和协调推进"四个全面"战略布局，牢固树立和贯彻落实新发展理念，坚持农业农村优先发展战略，坚持最严格的耕地保护制度和最严格的节约用地制度，以守住永久基本农田控制线为目标，以建立健全"划、建、管、补、护"长效机制为重点，巩固划定成果，完善保护措施，提高监管水平。到 2020 年，全国永久基本农田保护面积不少于 15.46 亿亩，基本形成保护有力、建设有效、管理有序的永久基本农田特殊保护格局，筑牢实现"两个一百年"奋斗目标和中华民族伟大复兴中国梦的土地资源基础。

记者：如何准确把握全面实行永久基本农田特殊保护基本原则？

负责人：要做到四个"坚持"。一是坚持保护优先。适应经济发展新常态和加快生态文明体制改革要求，牢固树立山水林田湖草是一个生命共同体理念，实现永久基本农田保护与经济社会发展、乡村振兴、生态系统保护相统筹。二是坚持从严管控。强化用途管制，加强永久基本农田对各类建设布局的约束和引导，严格控制非农建设占用永久基本农田。三是坚持补建结合。落实质量兴农战略，加强土地综合整治和高标准农田建设，提升永久基本农田综合生产能力，建立健全占用和补划永久基本农田踏勘论证制度，建设永久基本农田整备区。四是坚持权责一致。充分发挥市场配置资源的决定性作用和更好发挥政府作用，强化永久基本农田保护主体责任，健全管控性、建设性和激励性保护政策，完善监管考核制度，实现永久基本农田保护权责相统一。

记者：如何巩固永久基本农田划定成果？

负责人：主要做到两个方面。一方面，要守住永久基本农田控制线。已经划定的永久基本农田特别是城市周边永久基本农田原则上不得随意调整和占用。重大建设项目建设、生态建设等经国务院批准占用或调整永久基本农田的，以县（市）为单位按照永久基本农田划定的有关要求，补充调整相当数量和质量的永久基本农田。

另一方面，统筹永久基本农田保护与各类规划衔接。协同推进生态保护红线、永久基本农田、城镇开发边界三条控制线划定工作。各地区各有关部门在编制城乡建设、基础设施、生态建设等相关规划，推进"多规合一"过程中，划定生态保护红线、城镇开发边界工作中，要与已经划定的永久基本农田控制线充分衔接，原则上不得突破永久基本农田边界。

记者：如何推进永久基本农田建设？

负责人：推进永久基本农田建设，要结合实施乡村振兴战略和区域协调发展战略，以建设促保护。

一方面，要开展永久基本农田整备区建设。各省（区、市）国土资源主管部门要在划定永久基本农田控制线基础上，结合当地实际，组织开展零星分散耕地的整合归并、提质改造等工作，经整治后形成的集中连片、质量更优的耕地，经验收评估合格后，优先纳入永久基本农田整备区，作为调整完善或占用永久基本农田的补划基础。各县（市、区）永久基本农田整备区规模原则上不低于永久基本农田保护目标任务的1%，具体比例由市、县国土资源主管部门确定。

另一方面，要加强永久基本农田质量建设。整合各类涉农资金，吸引社会资本投入，优先在永久基本农田保护区和整备区开展土地综合整治、高标准农田建设，推动土地整治工程技术创新和应用，逐步将已划定的永久基本农田全部建成高标准农田。全面推行建设占用永久基本农田耕作层剥离再利用。

记者：如何加强永久基本农田管理？

负责人：首先，要从严管控非农建设占用永久基本农田。永久基本农田一经划定，任何单位和个人不得擅自占用或者擅自改变用途，不得多预留一定比例永久基本农田为建设占用留有空间，严禁通过擅自调整县乡土地利用总体规划规避占用永久基本农田的审批，严禁未经审批违法违规占用。按有关要求，重大建设项目选址确实难以避让永久基本农田的，在可行性研究阶段，省级国土资源主管部门负责组织对占用的必要性、合理性和补划方案的可行性进行论证，报国土资源部进行用地预审；农用地转用和土地征收依法依规报国务院批准。

其次，要坚决防止永久基本农田"非农化"。永久基本农田必须坚持农地农用，禁止任何单位和个人在永久基本农田保护区范围内建窑、建房、建坟、挖沙、采石、采矿、取土、堆放固体废弃物或者进行其他破坏永久基本农田的活动；禁止任何单位和个人占用永久基本农田植树造林；禁止任何单位和个人闲置、撂荒永久基本农田；禁止以设施农用地为名占用永久基本农田，建设休闲旅游、仓储厂房等设施；合理引导利用永久基本农田进行农业结构调整，不得对耕作层造成破坏。

记者：如何量质并重做好永久基本农田补划？

负责人：做好永久基本农田补划，首先要明确永久基本农田补划要求。重大建设项目占用或因依法认定的灾毁等原因减少永久基本农田的，按照"数量不减、质量不降、布局稳定"的要求开展补划，补划的永久基本农田必须是耕地，原则上要求与现有永久基本农田集中连片，补划数量、质量与占用或减少的永久基本农田相当，占用或减少城市周边范围内的，原则上在城市周边范围内补划。

其次，要做好永久基本农田补划方案编制论证。按照中央4号文件要求，重大建设项目选址确实难以避让永久基本农田的，依法认定的灾毁等原因减少永久基本农田的，由地方国土资源主管部门，根据《基本农田划定技术规程》（TD/T 1032-2011），组织编制《永久基本农田补划方案》，由省级国土资源主管部门组织实地踏勘论证并出具论证意见。

记者：如何健全永久基本农田保护机制？

负责人：建立健全永久基本农田保护机制，要强化永久基本农田对各类建设布局的约束和引导，严格落实保护责任，建立健全考核、补偿、监管的长效机制。

一是强化永久基本农田保护考核机制。落实地方各级政府保护耕地的主体责任，将永久基本农田保护情况作为省级政府耕地保护责任目标考核、粮食安全省长责任制考核、领导干部自然资源资产离任审计的重要内容，将永久基本农田特殊保护落实情况与安排年度土地利用计划、土地整治工作专项资金相挂钩。对永久基本农田保护情况考核中发现突出问题的，及时公开通报，要求限期整改，整改期间暂停所在省份相关市、县农用地转用和土地征收申请受理与审查。

二是完善永久基本农田保护补偿机制。总结地方经验，积极推进中央和地方各类涉农资金整合，按照谁保护、谁受益的原则，探索耕地保护激励性补偿和跨区域资源性补偿。鼓励有条件的地区建立耕地保护基金，与整合有关涉农补贴政策、完善粮食主产区利益补偿机制相衔接，与生态补偿机制相联动，对承担永久基本农田保护任务的农村集体经济组织和农户给予奖补。

三是构建永久基本农田动态监管机制。永久基本农田划定成果纳入国土资源遥感监测"一张图"和综合监管平台，作为土地审批、卫片执法、土地督察的重要依据。建立永久基本农田监测监管系统，完善永久基本农田数据库更新机制。结合土地督察、全天候遥感监测、土地卫片执法检查等对永久基本农田数量和质量变化情况进行全程跟踪，实现永久基本农田全面动态管理。

记者：如何全面强化永久基本农田特殊保护保障措施？

负责人：要加强组织领导。各级国土资源主管部门要在地方政府领导下，增强大局意识和责任意识，全面贯彻执行永久基本农田特殊保护政策，积极探索符合地方实际的保护措施，推动永久基本农田保护新局面。

要加强督促检查。各省（区、市）国土资源主管部门要根据通知要求，结合实际情况，抓紧制定具体实施办法，强化土地执法监察，及时发现、制止和查处违法乱占耕地特别是永久基本农田的行为。各派驻地方的国家土地督察机构要加强对永久基本农田占用补划情况的监督检查，对督察发现的违法违规问题，及时向地方政府提出整改意见，并督促问题整改到位。

要加强总结宣传。各省（区、市）国土资源主管部门要认真总结推广基层永久基本农田特殊保护的成功经验和做法，强化舆论宣传和社会监督，主动加强永久基本农田特殊保护政策解读，及时回应社会关切，引导全社会树立保护永久基本农田的意识，营造自觉主动保护永久基本农田的良好氛围。

调控和监测司关于以永久基本农田
保护区划定为抓手，切实加强土壤
环境质量监管的提案复文摘要

（2015 年 9 月 29 日国土资源部调控和监测司公布）

一、关于划定永久基本农田的建议

党中央、国务院历来高度重视耕地保护，特别是党的十八
大以来，就坚守 18 亿亩耕地红线、确保实有耕地面积基本稳定、
实行耕地数量质量并重保护等提出了新的更高要求。2015 年的
中央 1 号文件和《政府工作报告》，都明确提出要划定永久基本
农田。我部认真贯彻落实党中央国务院关于严格保护耕地红线
的新精神新要求，会同农业部联合印发了《国土资源部农业部
关于进一步做好永久基本农田划定工作的通知》（国土资发
〔2014〕128 号）和《国土资源部办公厅农业部办公厅关于切实
做好 106 个重点城市周边永久基本农田划定工作有关事项的通
知》（国土资发〔2015〕14 号），全面部署永久基本农田划定工
作。文件明确要求，各地要以全国第二次土地调查成果和耕地
质量等别成果为基础，在已有基本农田划定工作基础上，按照
城镇由大到小、空间由近及远、质量由高到低的顺序，将已建
成的高标准农田，城镇周边、交通沿线优质耕地优先划为永久
基本农田，将受严重污染难以恢复治理的及其它不符合划定要
求的土地划出基本农田，确保将良田沃土、绿色田园留给子孙
后代。我部会同农业部，对国务院审批土地利用总体规划和用

地的 106 个重点城市现有耕地分布、面积、质量等别等进行了分析评估，下达了城市周边永久基本农田划定初步任务，指导各地认真做好有关工作，目前正在有序推进中。

下一步，我们将进一步督促指导地方严格划定永久基本农田，健全永久保护的监管机制，切实管好、建好、用好永久基本农田，夯实国家粮食安全基础，把 13 亿中国人的饭碗牢牢地端在自己手中。

二、关于加快推进土地利用方式转变的建议

近年来，我部认真贯彻落实十八大以来中央领导同志关于坚持最严格节约集约用地制度的新要求，先后出台了《关于强化管控落实最严格耕地保护制度的通知》、《节约集约利用土地规定》、《关于大力推进节约集约用地制度建设的意见》、《关于推进土地节约集约利用的指导意见》、《闲置土地处置办法》等规章和政策，促进土地利用方式转变。一是加大土地利用总体规划计划管控力度，严格控制新增建设用地规模，严格划定城市开发边界、永久基本农田和生态保护红线，强化规划硬约束。二是坚持用途管制制度，进一步严格建设占用耕地审批和供地管理，强化建设项目用地预审，严格项目选址把关，控制各类建设项目占用优质耕地。凡不符合土地利用总体规划、耕地占补平衡要求、征地补偿安置政策、用地标准、产业和供地政策的项目，不予通过建设用地预审或审批。三是全面推进城镇、工矿、农村、基础设施等各类建设节约集约用地，加大盘活存量建设用地力度，落实批而未征、征而未供、供而未用土地有效利用政策，注重节约集约用地模式、技术创新，制定节地激励机制，切实减少各类建设对耕地的占用。四是强化耕地数量和质量占补平衡，严格执行"占一补一"、"占优补优"，鼓励地方逐步提高耕地开垦费收缴标准，提高占用耕地成本，利用经济手段控制建设占用耕地，倒逼建设不占或少占耕地。

三、关于严格落实土壤环境质量要求的建议

为切实加强耕地质量建设与管理，我部在 2012 年印发了《国土资源部关于提升耕地保护水平全面加强耕地质量建设与管理的通知》（国土资发〔2012〕108 号），要求各地按照耕地数量质量并重保护的要求，全面加强耕地质量建设和保护。一是持续推进高标准基本农田建设。按照《全国土地整治规划》、《全国高标准农田建设总体规划》安排，科学组织、合理安排，确保完成"十二五"建成 4 亿亩、"十三五"再建成 4 亿亩高标准农田的任务，逐步将划定的基本农田全部建成高标准基本农田。二是开展了耕地质量监测评价工作。印发了《耕地质量等别调查评价与监测工作方案》（国土资厅发〔2012〕60 号），部署开展了年度耕地质量等别更新评价工作，重点监测耕地质量等别变化情况。三是全面推进耕地耕作层土壤剥离再利用，确保优质耕地的耕作层土壤能够保护下来，耕地的生产潜力不受到破坏。四是部署开展耕地后备资源调查工作，严格补充耕地质量评价和项目验收，切实提高补充耕地质量。

目前，我部正在抓紧组织编制"十三五"土地整治规划，将进一步加大高标准基本农田建设力度，通过工程、生物、化学等措施，完善农业生产基础设施，改善土壤质量，修复受污染农田生态环境，提高防御自然灾害的能力，全面提升农田质量，夯实粮食生产物质基础。

四、关于强化共同监管体制机制创新的建议

为了促进基本农田保护主体责任和共同责任的落实，按照国务院办公厅印发的《省级政府耕地保护责任目标考核办法》规定，我部会同国务院有关部门，每年都联合开展省级政府耕地责任目标考核或检查工作，其中，各地耕地保有量、基本农田保护面积是考核核心指标，未达到考核指标要求的，耕地保护责任目标履行情况将被认定为"不合格"，并要求限期整改落实，以此来督促地方各级政府切实履行耕地保护责任。同时，我部主动协调有关部门，积极推动将耕地保护目标纳入地方经济社会发展和领导干部政绩考核评价指标体系，建立并落实政府领导干部耕地和基本农田保护离任审计制度、土地违法责任追究制度，不断健全和完善"党委领导、政府负责、部门协同、公众参与、上下联动"的耕地保护共同责任机制，充分调动地方各级政府加强耕地和基本农田保护的主动性和自觉性。

调控和监测司关于保护农田、
清理僵尸企业，化解产能过剩的
建议复文摘要

（2016 年 7 月 15 日国土资源部调控和监测司公布）

一、关于严把项目用地审查关。一直以来，我部坚决贯彻落实土地用途管制制度，严格控制建设项目占用耕地特别是基本农田。用地审查中，对于国家能源、交通、水利、军事设施等重点建设项目选址确实需要占用基本农田的，严格论证其规划调整和基本农田补划方案，明确补划基本农田必须做到数量不减少、质量不降低；对于不符合法律规定占用基本农田的用地项目，坚决退回，要求另行选址建设。下一步，我部将在用地审查中继续严格把关，严格保护耕地特别是基本农田，给子孙后代留下良田沃土。

二、关于严格过剩产能产业用地管理。2013 年，我部印发了《关于认真落实党中央国务院部署积极做好化解产能过剩相关工作的通知》（国土资发〔2013〕122 号），明确指出严把新增产能项目建设用地供应闸门，要求各级国土资源主管部门根据严禁产能严重过剩行业建设新增产能项目的要求，严格建设项目用地预审管理，对钢铁、水泥、电解铝、平板玻璃、船舶等产能严重过剩行业新增产能项目，一律不予受理用地预审申请，已经受理的预审申请一律不予通过，从源头上遏制产能严重过剩行业新增使用土地。同时要求各地认真清理并坚决废除产能严重过剩行业项目用地优惠政策、对存在非法低价出让国有建设用地使用权、降低土地投资税收门槛和定额标准、配送土地指标等问题的，一律予以取缔。

三、关于关停淘汰僵尸企业用地处置问题。根据现有法律法规，政府可以依法收回国有土地，企业使用的建设用地可以依法转让、改变用途。对企业利用原有土地转产、转型的，我部联合发展改革委、科技部、工业和信息化部、住房城乡建设部、商务部印发的《关于支持新产业新业态发展促进大众创业万众创新用地的意见》文中明确规定，传统工业转为先进制造业企业，利用存量房产进行制造业与文化创意、科技服务业融合发展的，以及原制造业企业整体或部分转型成立独立法人实体，从事研发设计等经营服务的，可实行继续按原用途和土地权利类型使用土地的过渡期政策。在符合控制性详细规划的前提下，现有制造业企业通过提高工业用地容积率、调整用地结构增加服务型制造业务设施和经营场所，其建筑面积比例不超过原总建筑面积15%的，可继续按原用途使用土地，但不得分割转让。上述政策均适用于僵尸企业用地处置。

中共中央 国务院关于加强耕地保护和改进占补平衡的意见

（2017 年 1 月 9 日中共中央、国务院发布）

耕地是我国最为宝贵的资源，关系十几亿人吃饭大事，必须保护好，绝不能有闪失。近年来，按照党中央、国务院决策部署，各地区各有关部门积极采取措施，强化主体责任，严格落实占补平衡制度，严守耕地红线，耕地保护工作取得显著成效。当前，我国经济发展进入新常态，新型工业化、城镇化建设深入推进，耕地后备资源不断减少，实现耕地占补平衡、占优补优的难度日趋加大，激励约束机制尚不健全，耕地保护面临多重压力。为进一步加强耕地保护和改进占补平衡工作，现提出如下意见。

一、总体要求

（一）指导思想。全面贯彻党的十八大和十八届三中、四中、五中、六中全会精神，深入贯彻习近平总书记系列重要讲话精神和治国理政新理念新思想新战略，紧紧围绕统筹推进"五位一体"总体布局和协调推进"四个全面"战略布局，牢固树立新发展理念，按照党中央、国务院决策部署，坚守土地公有制性质不改变、耕地红线不突破、农民利益不受损三条底线，坚持最严格的耕地保护制度和最严格的节约用地制度，像保护大熊猫一样保护耕地，着力加强耕地数量、质量、生态"三位一体"保护，着力加强耕地管控、建设、激励多措并举保护，采取更加有力措施，依法加强耕地占补平衡规范管理，落实藏粮于地、藏粮于技战略，提高粮食综合生产能力，保障国家粮食安全，为实现"两个一百年"奋斗目标、实现中华民族伟大复兴中国梦构筑坚实的资源基础。

（二）基本原则

——坚持严保严管。强化耕地保护意识，强化土地用途管制，强化耕地质量保护与提升，坚决防止耕地占补平衡中补充耕地数量不到位、补充耕地质量不到位的问题，坚决防止占多补少、占优补劣、占水田补旱地的现象。已经确定的耕地红线绝不能突破，已经划定的城市周边永久基本农田绝不能随便占用。

——坚持节约优先。统筹利用存量和新增建设用地，严控增量、盘活存量、优化结构、提高效率，实行建设用地总量和强度双控，提高土地节约集约利用水平，以更少的土地投入支撑经济社会可持续发展。

——坚持统筹协调。充分发挥市场配置资源的决定性作用和更好发挥政府作用，强化耕地保护主体责任，健全利益调节机制，激励约束并举，完善监管考核制度，实现耕地保护与经济社会发展、生态文明建设相统筹，耕地保护责权利相统一。

——坚持改革创新。适应经济发展新常态和供给侧结构性改革要求，突出问题导向，完善永久基本农田管控体系，改进耕地占补平衡管理方式，实行占补平衡差别化管理政策，拓宽补充耕地途径和资金渠道，不断完善耕地保护和占补平衡制度，把握好经济发展与耕地保护的关系。

（三）总体目标。牢牢守住耕地红线，确保实有耕地数量基

本稳定、质量有提升。到 2020 年，全国耕地保有量不少于
18.65 亿亩，永久基本农田保护面积不少于 15.46 亿亩，确保建
成 8 亿亩、力争建成 10 亿亩高标准农田，稳步提高粮食综合生
产能力，为确保谷物基本自给、口粮绝对安全提供资源保障。
耕地保护制度和占补平衡政策体系不断完善，促进形成保护更
加有力、执行更加顺畅、管理更加高效的耕地保护新格局。

二、严格控制建设占用耕地

（四）加强土地规划管控和用途管制。充分发挥土地利用总
体规划的整体管控作用，从严核定新增建设用地规模，优化建
设用地布局，从严控制建设占用耕地特别是优质耕地。实行新
增建设用地计划安排与土地节约集约利用水平、补充耕地能力
挂钩，对建设用地存量规模较大、利用粗放、补充耕地能力不
足的区域，适当调减新增建设用地计划。探索建立土地用途转
用许可制，强化非农建设占用耕地的转用管控。

（五）严格永久基本农田划定和保护。全面完成永久基本农
田划定，将永久基本农田划定作为土地利用总体规划的规定内
容，在规划批准前先行核定并上图入库、落地到户，并与农村
土地承包经营权确权登记相结合，将永久基本农田记载到农村
土地承包经营权证书上。粮食生产功能区和重要农产品生产保
护区范围内的耕地要优先划入永久基本农田，实行重点保护。
永久基本农田一经划定，任何单位和个人不得擅自占用或改变
用途。强化永久基本农田对各类建设布局的约束，各地区各有
关部门在编制城乡建设、基础设施、生态建设等相关规划，推
进多规合一过程中，应当与永久基本农田布局充分衔接，原则
上不得突破永久基本农田边界。一般建设项目不得占用永久基

本农田，重大建设项目选址确实难以避让永久基本农田的，在可行性研究阶段，必须对占用的必要性、合理性和补划方案的可行性进行严格论证，通过国土资源部用地预审；农用地转用和土地征收依法依规报国务院批准。严禁通过擅自调整县乡土地利用总体规划，规避占用永久基本农田的审批。

（六）以节约集约用地缓解建设占用耕地压力。实施建设用地总量和强度双控行动，逐级落实"十三五"时期建设用地总量和单位国内生产总值占用建设用地面积下降的目标任务。盘活利用存量建设用地，推进建设用地二级市场改革试点，促进城镇低效用地再开发，引导产能过剩行业和"僵尸企业"用地退出、转产和兼并重组。完善土地使用标准体系，规范建设项目节地评价，推广应用节地技术和节地模式，强化节约集约用地目标考核和约束，推动有条件的地区实现建设用地减量化或零增长，促进新增建设不占或尽量少占耕地。

三、改进耕地占补平衡管理

（七）严格落实耕地占补平衡责任。完善耕地占补平衡责任落实机制。非农建设占用耕地的，建设单位必须依法履行补充耕地义务，无法自行补充数量、质量相当耕地的，应当按规定足额缴纳耕地开垦费。地方各级政府负责组织实施土地整治，通过土地整理、复垦、开发等推进高标准农田建设，增加耕地数量、提升耕地质量，以县域自行平衡为主、省域内调剂为辅、国家适度统筹为补充，落实补充耕地任务。各省（自治区、直辖市）政府要依据土地整治新增耕地平均成本和占用耕地质量状况等，制定差别化的耕地开垦费标准。对经依法批准占用永久基本农田的，缴费标准按照当地耕地开垦费最高标准的两倍执行。

（八）大力实施土地整治，落实补充耕地任务。各省（自治区、直辖市）政府负责统筹落实本地区年度补充耕地任务，确保省域内建设占用耕地及时保质保量补充到位。拓展补充耕地途径，统筹实施土地整治、高标准农田建设、城乡建设用地增减挂钩、历史遗留工矿废弃地复垦等，新增耕地经核定后可用于落实补充耕地任务。在严格保护生态前提下，科学划定宜耕土地后备资源范围，禁止开垦严重沙化土地，禁止在25度以上陡坡开垦耕地，禁止违规毁林开垦耕地。鼓励地方统筹使用相关资金实施土地整治和高标准农田建设。充分发挥财政资金作用，鼓励采取政府和社会资本合作（PPP）模式、以奖代补等方式，引导农村集体经济组织、农民和新型农业经营主体等，根据土地整治规划投资或参与土地整治项目，多渠道落实补充耕地任务。

（九）规范省域内补充耕地指标调剂管理。县（市、区）政府无法在本行政辖区内实现耕地占补平衡的，可在市域内相邻的县（市、区）调剂补充，仍无法实现耕地占补平衡的，可在省域内资源条件相似的地区调剂补充。各省（自治区、直辖市）要规范补充耕地指标调剂管理，完善价格形成机制，综合考虑补充耕地成本、资源保护补偿和管护费用等因素，制定调剂指导价格。

（十）探索补充耕地国家统筹。根据各地资源环境承载状况、耕地后备资源条件、土地整治新增耕地潜力等，分类实施补充耕地国家统筹。耕地后备资源严重匮乏的直辖市，新增建设占用耕地后，新开垦耕地数量不足以补充所占耕地数量的，可向国务院申请国家统筹；资源环境条件严重约束、补充耕地能力严重不足的省份，对由于实施国家重大建设项目造成的补充耕地缺口，可向国务院申请国家统筹。经国务院批准后，有关省份按规定标准向中央财政缴纳跨省补充耕地资金，中央财政统筹安排落实国家统筹补充耕地任务所需经费，在耕地后备资源丰富省份落实补充耕地任务。跨省补充耕地资金收取标准综合考虑补充耕地成本、资源保护补偿、管护费用及区域差异等因素确定，具体办法由财政部会同国土资源部另行制定。

（十一）严格补充耕地检查验收。市县政府要加强对土地整治和高标准农田建设项目的全程管理，规范项目规划设计，强化项目日常监管和施工监理。做好项目竣工验收，严格新增耕地数量认定，依据相关技术规程评定新增耕地质量。经验收合格的新增耕地，应当及时在年度土地利用变更调查中进行地类变更。省级政府要做好对市县补充耕地的检查复核，确保数量质量到位。

四、推进耕地质量提升和保护

（十二）大规模建设高标准农田。各省（自治区、直辖市）要根据全国高标准农田建设总体规划和全国土地整治规划的安排，逐级分解高标准农田建设任务，统一建设标准、统一上图入库、统一监管考核。建立政府主导、社会参与的工作机制，以财政资金引导社会资本参与高标准农田建设，充分调动各方积极性。加强高标准农田后期管护，按照谁使用、谁管护和谁受益、谁负责的原则，落实高标准农田基础设施管护责任。高标准农田建设情况要统一纳入国土资源遥感监测"一张图"和综合监管平台，实行在线监管，统一评估考核。

（十三）实施耕地质量保护与提升行动。全面推进建设占用耕地耕作层剥离再利用，市县政府要切实督促建设单位落实责任，将相关费用列入建设项目投资预算，提高补充耕地质量。将中低质量的耕地纳入高标准农田建设范围，实施提质改造，在确保补充耕地数量的同时，提高耕地质量，严格落实占补平衡、占优补优。加强新增耕地后期培肥改良，综合采取工程、生物、农艺等措施，开展退化耕地综合治理、污染耕地阻控修复等，加速土壤熟化提质，实施测土配方施肥，强化土壤肥力保护，有效提高耕地产能。

（十四）统筹推进耕地休养生息。对 25 度以上坡耕地、严重沙化耕地、重要水源地 15-25 度坡耕地、严重污染耕地等有序开展退耕还林还草，不得将确需退耕还林还草的耕地划为永久基本农田，不得将已退耕还林还草的土地纳入土地整治项目，不得擅自将永久基本农田、土地整治新增耕地和坡改梯耕地纳入退耕范围。积极稳妥推进耕地轮作休耕试点，加强轮作休耕地管理，不得减少或破坏耕地，不得改变耕地地类，不得削弱农业综合生产能力；加大轮作休耕耕地保护和改造力度，优先纳入高标准农田建设范围。因地制宜实行免耕少耕、深松浅翻、深施肥料、粮豆轮作套作的保护性耕作制度，提高土壤有机质含量，平衡土壤养分，实现用地与养地结合，多措并举保护提升耕地产能。

（十五）加强耕地质量调查评价与监测。建立健全耕地质量和耕地产能评价制度，完善评价指标体系和评价方法，定期对全国耕地质量和耕地产能水平进行全面评价并发布评价结果。完善土地调查监测体系和耕地质量监测网络，开展耕地质量年度监测成果更新。

五、健全耕地保护补偿机制

（十六）加强对耕地保护责任主体的补偿激励。积极推进中央和地方各级涉农资金整合，综合考虑耕地保护面积、耕地质量状况、粮食播种面积、粮食产量和粮食商品率，以及耕地保护任务量等因素，统筹安排资金，按照谁保护、谁受益的原则，加大耕地保护补偿力度。鼓励地方统筹安排财政资金，对承担耕地保护任务的农村集体经济组织和农户给予奖补。奖补资金发放要与耕地保护责任落实情况挂钩，主要用于农田基础设施后期管护与修缮、地力培育、耕地保护管理等。

（十七）实行跨地区补充耕地的利益调节。在生态条件允许的前提下，支持耕地后备资源丰富的国家重点扶贫地区有序推进土地整治增加耕地，补充耕地指标可对口向省域内经济发达地区调剂，补充耕地指标调剂收益由县级政府通过预算安排用于耕地保护、农业生产和农村经济社会发展。省（自治区、直辖市）政府统筹耕地保护和区域协调发展，支持占用耕地地区在支付补充耕地指标调剂费用基础上，通过实施产业转移、支持基础设施建设等多种方式，对口扶持补充耕地地区，调动补充耕地地区保护耕地的积极性。

六、强化保障措施和监管考核

（十八）加强组织领导。各地区各有关部门要按照本意见精神，抓紧研究制定贯彻落实具体方案，强化耕地保护工作责任和保障措施。建立党委领导、政府负责、部门协同、公众参与、上下联动的共同责任机制，地方各级党委和政府要树立保护耕地的强烈意识，切实担负起主体责任，采取积极有效措施，严格源头控制，强化过程监管，确保本行政区域内耕地保护责任目标全面落实；地方各级政府主要负责人要承担起耕地保护第一责任人的责任，组织相关部门按照职责分工履职尽责，充分调动农村集体经济组织、农民和新型农业经营主体保护耕地的积极性，形成保护耕地合力。

（十九）严格监督检查。完善国土资源遥感监测"一张图"和综合监管平台，扩大全天候遥感监测范围，对永久基本农田实行动态监测，加强对土地整治过程中的生态环境保护，强化耕地保护全流程监管。加强耕地保护信息化建设，建立耕地保护数据与信息部门共享机制。健全土地执法联动协作机制，严肃查处土地违法违规行为。国家土地督察机构要加强对省级政府实施土地利用总体规划、履行耕地保护目标责任、健全耕地保护制度等情况的监督检查。

（二十）完善责任目标考核制度。完善省级政府耕地保护责任目标考核办法，全面检查和考核耕地与永久基本农田保护情况、高标准农田建设任务完成情况、补充耕地任务完成情况、耕地占补平衡落实情况等。经国务院批准，国土资源部会同农业部、国家统计局等有关部门下达省级政府耕地保护责任目标，作为考核依据。各省级政府要层层分解耕地保护任务，落实耕地保护责任目标，完善考核制度和奖惩机制。耕地保护责任目标考核结果作为领导干部实绩考核、生态文明建设目标评价考核的重要内容。探索编制土地资源资产负债表，完善耕地保护责任考核体系。实行耕地保护党政同责，对履职不力、监管不严、失职渎职的，依纪依规追究党政领导责任。

国土资源部关于改进管理方式
切实落实耕地占补平衡的通知

国土资规〔2017〕13号

各省、自治区、直辖市国土资源主管部门，新疆生产建设兵团国土资源局，各派驻地方的国家土地督察局：

为贯彻落实《中共中央 国务院关于加强耕地保护和改进占补平衡的意见》（中发〔2017〕4号，以下简称《意见》）精神，改进耕地占补平衡管理，建立以数量为基础、产能为核心的占补新机制，通过"算大账"的方式，落实占一补一、占优补优、占水田补水田，促进耕地数量、质量和生态三位一体保护，现通知如下：

一、坚持绿色发展理念，转变补充耕地方式

各省（区、市）国土资源主管部门要按照中央加强生态文明建设的要求，在耕地占补平衡管理中更加注重生态保护。坚持绿色发展理念，转变补充耕地方式，着力通过土地整治建设高标准农田补充耕地，严格控制成片未利用地开发，切实保护生态环境。各地要依据国土规划、土地利用总体规划、土地整治规划和其他相关规划，因地制宜、合理布局；要以高标准农田建设为重点，以补充耕地数量和提高耕地质量为主要任务，有条件的地区还要注重改造水田，确定土地整治重点区域。要合理确定新增耕地来源，对于历史形成的未纳入耕地保护范围的园地、残次林地等适宜开发的农用地，经县级人民政府组织可行性评估论证、省级国土资源主管部门组织复核认定后可统筹纳入土地整治范围，新增耕地用于占补平衡。地方各级国土资源主管部门要在当地政府的组织领导下，主动与有关部门沟通协调，引导相关部门在建设高标准农田过程中，按要求注重补充耕地，在"十三五"时期全国合力建成4亿亩、力争建成6亿亩高标准农田，共同完成补充耕地任务。

二、扩大补充耕地途径，严格上图入库管理

各地要认真贯彻落实《意见》提出各类途径新增耕地经核定后可用于落实补充耕地任务的要求，系统梳理补充耕地渠道来源。对于耕地开垦费、各级政府财政投入以及社会资本、金融资本等各类资金投入所补充和改造的耕地，国土资源主管部门组织实施的土地整治、高标准农田建设和其他部门组织实施的高标准农田建设所补充和改造的耕地，以及经省级国土资源主管部门组织认定的城乡建设用地增减挂钩和历史遗留工矿废弃地复垦形成的新增耕地节余部分，均可纳入补充耕地管理，用于耕地占补平衡。部将适应拓宽渠道需要，完善全国农村土地整治监测监管系统，积极为各类项目上图入库创造条件。对于其他部门组织实施的高标准农田建设项目，地方各级国土资源主管部门要主动与同级发改、农发、水利、农业等相关部门对接，按照上图入库要求，明确项目建设范围、资金投入、新增和改造耕地面积及质量、类型、验收单位等主要内容，做好项目信息报部备案工作。

三、建立补充耕地储备库，实行指标分类管理

为落实耕地占一补一、占优补优、占水田补水田要求，以纳入农村土地整治监测监管系统的各类项目为基础，根据项目验收确认的新增耕地数量、新增水田和新增粮食产能，以县

（市、区）为单位建立 3 类指标储备库，实行分类管理、分别使用。地方各级国土资源主管部门要根据项目管理规定和农用地分等定级相关技术规程等，实事求是地认定新增耕地数量和类型，科学评定耕地质量等别，核算新增粮食产能。新增水田包括直接垦造的水田和由旱地、水浇地改造的水田。新增耕地的粮食产能，根据新增耕地面积和评定的质量等别计算，纳入产能储备库；提质改造耕地的新增粮食产能，根据整治的耕地面积和提升的质量等别计算，纳入产能储备库。

四、采取指标核销方式，落实耕地占补平衡

改进建设用地项目与补充耕地项目逐一挂钩的做法，按照补改结合的原则，实行耕地数量、粮食产能和水田面积 3 类指标核销制落实占补平衡。市、县申报单独选址建设项目用地与城市、村庄和集镇建设用地时，应明确建设拟占用耕地的数量、粮食产能和水田面积，按照占补平衡的要求，应用部耕地占补平衡动态监管系统分类分别从本县、市储备库指标中予以核销，核销信息随同用地一并报批。对于按规定允许以承诺方式补充耕地的，根据承诺内容，在申报用地时须按规定落实具体的补充耕地项目或提质改造项目并报部备案，项目验收后相关指标纳入储备库；承诺到期时，部将及时核销储备库补充耕地指标。

五、完善管理机制，规范省域内指标调剂

耕地占补平衡坚持以县域平衡为主，因省域内经济发展水平和耕地后备资源分布不均衡，确实难以在本县域内补充耕地的，以县级人民政府为主体跨县域调剂补充耕地指标。省级国土资源主管部门应建立补充耕地指标调剂平台，因地制宜统筹指标调剂。可区分情况明确调剂政策，对于重点建设项目限定指标调剂价格、优先予以保障，其他建设项目采取竞价方式调剂补充耕地指标；也可采取统一限价交易或市场交易方式，进行补充耕地指标调剂。省级国土资源主管部门应综合考虑新增耕地平均成本、资源保护补偿和管护费用，加强对指标调剂价格的管控与指导，保证调剂有序开展。对于贫困地区有资源条件产生补充耕地指标的，优先纳入调剂平台，支持获得经济收益、加快脱贫致富。

六、拓宽资金渠道，加大补充耕地投入

各省（区、市）国土资源主管部门要依据省域内土地整治新增耕地平均成本，区分耕地类型、质量状况等，会同有关部门合理制定差别化的耕地开垦费标准，提高占用优质耕地的成本。在新增建设用地土地有偿使用费转列一般公共预算后，地方各级国土资源主管部门要积极协调同级财政部门，提出预算建议，在地方政府一般公共预算中安排专项资金用于土地整治，确保土地整治工作的财政资金投入。各地要统筹使用好各部门资金，充分发挥引导和杠杆作用，积极创新实施方式，吸引社会资本、金融资本等参与土地整治和高标准农田建设，鼓励农村集体经济组织和农户投工投劳，加大补充耕地资金和人力投入，获取合理的土地收益。

七、强化监测监管，改进耕地占补平衡考核

各省（区、市）国土资源主管部门要按照有关规定，加强新增和改造耕地监管工作，确保备案的补充耕地数量、质量和水田真实可靠。对承诺补充耕地的，要建立有效的监管机制，跟踪监督、督促落实，确保承诺项目按期完成。按照占补平衡"算大账"的要求，部改进耕地占补平衡考核方式，在严格补充耕地储备指标核销管理的基础上，强化土地整治项目日常监测监管，充分利用国土资源遥感监测"一张图"和综合监管平台等信息化技术对补充和改造的耕地进行核实，必要时进行实地抽查；年终以省（区、市）为单位汇总建设占用和补充耕地相关情况，形成考核结果，纳入省级耕地保护责任目标检查考核内容。对于监管和考核中发现存在补充和改造耕地弄虚作假、以次充好等问题的，将责令限期整改，情形严重的予以通报批评，并暂停该地区农用地转用申请受理。

八、实事求是分类处理，妥善做好政策衔接

《意见》出台前已实施的土地整治项目，区分情况分类处理，确保政策合理衔接。对于 2017 年 1 月 1 日前使用新增建设用地土地有偿使用费实施的土地整治项目和除耕地开垦费以外各类资金实施的高标准农田建设项目所补充的耕地，不得用于耕地占补平衡。为确保新的占补平衡管理方式顺利实施，各省（区、市）国土资源主管部门要组织地方抓紧做好已报部备案补充耕地项目的核实工作，补充耕地可用于占补平衡的，要按要求补充完善项目信息，补备耕地质量、新增水田面积等内容。自 2018 年 4 月 1 日起，部和省级国土资源主管部门不再受理按原管理方式落实耕地占补平衡的建设用地申请。

改进管理方式、落实耕地占补平衡是适应耕地保护形势发展需要、落实《意见》要求的一项重要改革举措。各省（区、市）国土资源主管部门要高度重视、深刻领会、掌握要求、精心部署，更加科学、务实、高效地做好补充耕地工作，确保耕地占补平衡落实到位，严守耕地红线，保障国家粮食安全。

本文件有效期 5 年。

2017 年 12 月 11 日

关于土壤污染防治

土壤污染防治行动计划

国务院关于印发土壤污染防治行动计划的通知

国发〔2016〕31号

各省、自治区、直辖市人民政府，国务院各部委、各直属机构：

　　现将《土壤污染防治行动计划》印发给你们，请认真贯彻执行。

国务院

2016 年 5 月 28 日

　　土壤是经济社会可持续发展的物质基础，关系人民群众身体健康，关系美丽中国建设，保护好土壤环境是推进生态文明建设和维护国家生态安全的重要内容。当前，我国土壤环境总体状况堪忧，部分地区污染较为严重，已成为全面建成小康社会的突出短板之一。为切实加强土壤污染防治，逐步改善土壤环境质量，制定本行动计划。

总体要求：全面贯彻党的十八大和十八届三中、四中、五中全会精神，按照"五位一体"总体布局和"四个全面"战略布局，牢固树立创新、协调、绿色、开放、共享的新发展理念，认真落实党中央、国务院决策部署，立足我国国情和发展阶段，着眼经济社会发展全局，以改善土壤环境质量为核心，以保障农产品质量和人居环境安全为出发点，坚持预防为主、保护优先、风险管控，突出重点区域、行业和污染物，实施分类别、分用途、分阶段治理，严控新增污染、逐步减少存量，形成政府主导、企业担责、公众参与、社会监督的土壤污染防治体系，促进土壤资源永续利用，为建设"蓝天常在、青山常在、绿水常在"的美丽中国而奋斗。

工作目标：到 2020 年，全国土壤污染加重趋势得到初步遏制，土壤环境质量总体保持稳定，农用地和建设用地土壤环境安全得到基本保障，土壤环境风险得到基本管控。到 2030 年，全国土壤环境质量稳中向好，农用地和建设用地土壤环境安全得到有效保障，土壤环境风险得到全面管控。到本世纪中叶，土壤环境质量全面改善，生态系统实现良性循环。

主要指标：到 2020 年，受污染耕地安全利用率达到 90%左右，污染地块安全利用率达到 90%以上。到 2030 年，受污染耕地安全利用率达到 95%以上，污染地块安全利用率达到 95%以上。

一、开展土壤污染调查，掌握土壤环境质量状况

（一）深入开展土壤环境质量调查。在现有相关调查基础上，以农用地和重点行业企业用地为重点，开展土壤污染状况详查，2018 年底前查明农用地土壤污染的面积、分布及其对农产品质量的影响；2020 年底前掌握重点行业企业用地中的污染地块分布及其环境风险情况。制定详查总体方案和技术规定，开展技术指导、监督检查和成果审核。建立土壤环境质量状况定期调查制度，每 10 年开展 1 次。（环境保护部牵头，财政部、国土资源部、农业部、国家卫生计生委等参与，地方各级人民政府负责落实。以下均需地方各级人民政府落实，不再列出）

（二）建设土壤环境质量监测网络。统一规划、整合优化土壤环境质量监测点位，2017 年底前，完成土壤环境质量国控监测点位设置，建成国家土壤环境质量监测网络，充分发挥行业监测网作用，基本形成土壤环境监测能力。各省（区、市）每年至少开展 1 次土壤环境监测技术人员培训。各地可根据工作需要，补充设置监测点位，增加特征污染物监测项目，提高监测频次。2020 年底前，实现土壤环境质量监测点位所有县（市、区）全覆盖。（环境保护部牵头，国家发展改革委、工业和信息化部、国土资源部、农业部等参与）

（三）提升土壤环境信息化管理水平。利用环境保护、国土资源、农业等部门相关数据，建立土壤环境基础数据库，构建全国土壤环境信息化管理平台，力争 2018 年底前完成。借助移动互联网、物联网等技术，拓宽数据获取渠道，实现数据动态更新。加强数据共享，编制资源共享目录，明确共享权限和方式，发挥土壤环境大数据在污染防治、城乡规划、土地利用、

农业生产中的作用。（环境保护部牵头，国家发展改革委、教育部、科技部、工业和信息化部、国土资源部、住房城乡建设部、农业部、国家卫生计生委、国家林业局等参与）

二、推进土壤污染防治立法，建立健全法规标准体系

（四）加快推进立法进程。配合完成土壤污染防治法起草工作。适时修订污染防治、城乡规划、土地管理、农产品质量安全相关法律法规，增加土壤污染防治有关内容。2016 年底前，完成农药管理条例修订工作，发布污染地块土壤环境管理办法、农用地土壤环境管理办法。2017 年底前，出台农药包装废弃物回收处理、工矿用地土壤环境管理、废弃农膜回收利用等部门规章。到 2020 年，土壤污染防治法律法规体系基本建立。各地可结合实际，研究制定土壤污染防治地方性法规。（国务院法制办、环境保护部牵头，工业和信息化部、国土资源部、住房城乡建设部、农业部、国家林业局等参与）

（五）系统构建标准体系。健全土壤污染防治相关标准和技术规范。2017 年底前，发布农用地、建设用地土壤环境质量标准；完成土壤环境监测、调查评估、风险管控、治理与修复等技术规范以及环境影响评价技术导则制修订工作；修订肥料、饲料、灌溉用水中有毒有害物质限量和农用污泥中污染物控制等标准，进一步严格污染物控制要求；修订农膜标准，提高厚度要求，研究制定可降解农膜标准；修订农药包装标准，增加防止农药包装废弃物污染土壤的要求。适时修订污染物排放标准，进一步明确污染物特别排放限值要求。完善土壤中污染物分析测试方法，研制土壤环境标准样品。各地可制定严于国家标准的地方土壤环境质量标准。（环境保护部牵头，工业和信息

化部、国土资源部、住房城乡建设部、水利部、农业部、质检总局、国家林业局等参与)

（六）全面强化监管执法。明确监管重点。重点监测土壤中镉、汞、砷、铅、铬等重金属和多环芳烃、石油烃等有机污染物，重点监管有色金属矿采选、有色金属冶炼、石油开采、石油加工、化工、焦化、电镀、制革等行业，以及产粮（油）大县、地级以上城市建成区等区域。（环境保护部牵头，工业和信息化部、国土资源部、住房城乡建设部、农业部等参与)

加大执法力度。将土壤污染防治作为环境执法的重要内容，充分利用环境监管网格，加强土壤环境日常监管执法。严厉打击非法排放有毒有害污染物、违法违规存放危险化学品、非法处置危险废物、不正常使用污染治理设施、监测数据弄虚作假等环境违法行为。开展重点行业企业专项环境执法，对严重污染土壤环境、群众反映强烈的企业进行挂牌督办。改善基层环境执法条件，配备必要的土壤污染快速检测等执法装备。对全国环境执法人员每3年开展1轮土壤污染防治专业技术培训。提高突发环境事件应急能力，完善各级环境污染事件应急预案，加强环境应急管理、技术支撑、处置救援能力建设。（环境保护部牵头，工业和信息化部、公安部、国土资源部、住房城乡建设部、农业部、安全监管总局、国家林业局等参与)

三、实施农用地分类管理，保障农业生产环境安全

（七）划定农用地土壤环境质量类别。按污染程度将农用地划为三个类别，未污染和轻微污染的划为优先保护类，轻度和中度污染的划为安全利用类，重度污染的划为严格管控类，以耕地为重点，分别采取相应管理措施，保障农产品质量安全。

2017 年底前，发布农用地土壤环境质量类别划分技术指南。以土壤污染状况详查结果为依据，开展耕地土壤和农产品协同监测与评价，在试点基础上有序推进耕地土壤环境质量类别划定，逐步建立分类清单，2020 年底前完成。划定结果由各省级人民政府审定，数据上传全国土壤环境信息化管理平台。根据土地利用变更和土壤环境质量变化情况，定期对各类别耕地面积、分布等信息进行更新。有条件的地区要逐步开展林地、草地、园地等其他农用地土壤环境质量类别划定等工作。（环境保护部、农业部牵头，国土资源部、国家林业局等参与）

（八）切实加大保护力度。各地要将符合条件的优先保护类耕地划为永久基本农田，实行严格保护，确保其面积不减少、土壤环境质量不下降，除法律规定的重点建设项目选址确实无法避让外，其他任何建设不得占用。产粮（油）大县要制定土壤环境保护方案。高标准农田建设项目向优先保护类耕地集中的地区倾斜。推行秸秆还田、增施有机肥、少耕免耕、粮豆轮作、农膜减量与回收利用等措施。继续开展黑土地保护利用试点。农村土地流转的受让方要履行土壤保护的责任，避免因过度施肥、滥用农药等掠夺式农业生产方式造成土壤环境质量下降。各省级人民政府要对本行政区域内优先保护类耕地面积减少或土壤环境质量下降的县（市、区），进行预警提醒并依法采取环评限批等限制性措施。（国土资源部、农业部牵头，国家发展改革委、环境保护部、水利部等参与）

防控企业污染。严格控制在优先保护类耕地集中区域新建有色金属冶炼、石油加工、化工、焦化、电镀、制革等行业企业，现有相关行业企业要采用新技术、新工艺，加快提标升级

改造步伐。(环境保护部、国家发展改革委牵头，工业和信息化部参与)

（九）着力推进安全利用。根据土壤污染状况和农产品超标情况，安全利用类耕地集中的县（市、区）要结合当地主要作物品种和种植习惯，制定实施受污染耕地安全利用方案，采取农艺调控、替代种植等措施，降低农产品超标风险。强化农产品质量检测。加强对农民、农民合作社的技术指导和培训。2017年底前，出台受污染耕地安全利用技术指南。到2020年，轻度和中度污染耕地实现安全利用的面积达到4000万亩。(农业部牵头，国土资源部等参与)

（十）全面落实严格管控。加强对严格管控类耕地的用途管理，依法划定特定农产品禁止生产区域，严禁种植食用农产品；对威胁地下水、饮用水水源安全的，有关县（市、区）要制定环境风险管控方案，并落实有关措施。研究将严格管控类耕地纳入国家新一轮退耕还林还草实施范围，制定实施重度污染耕地种植结构调整或退耕还林还草计划。继续在湖南长株潭地区开展重金属污染耕地修复及农作物种植结构调整试点。实行耕地轮作休耕制度试点。到2020年，重度污染耕地种植结构调整或退耕还林还草面积力争达到2000万亩。(农业部牵头，国家发展改革委、财政部、国土资源部、环境保护部、水利部、国家林业局参与)

（十一）加强林地草地园地土壤环境管理。严格控制林地、草地、园地的农药使用量，禁止使用高毒、高残留农药。完善生物农药、引诱剂管理制度，加大使用推广力度。优先将重度污染的牧草地集中区域纳入禁牧休牧实施范围。加强对重度污

染林地、园地产出食用农（林）产品质量检测，发现超标的，要采取种植结构调整等措施。（农业部、国家林业局负责）

四、实施建设用地准入管理，防范人居环境风险

（十二）明确管理要求。建立调查评估制度。2016 年底前，发布建设用地土壤环境调查评估技术规定。自 2017 年起，对拟收回土地使用权的有色金属冶炼、石油加工、化工、焦化、电镀、制革等行业企业用地，以及用途拟变更为居住和商业、学校、医疗、养老机构等公共设施的上述企业用地，由土地使用权人负责开展土壤环境状况调查评估；已经收回的，由所在地市、县级人民政府负责开展调查评估。自 2018 年起，重度污染农用地转为城镇建设用地的，由所在地市、县级人民政府负责组织开展调查评估。调查评估结果向所在地环境保护、城乡规划、国土资源部门备案。（环境保护部牵头，国土资源部、住房城乡建设部参与）

分用途明确管理措施。自 2017 年起，各地要结合土壤污染状况详查情况，根据建设用地土壤环境调查评估结果，逐步建立污染地块名录及其开发利用的负面清单，合理确定土地用途。符合相应规划用地土壤环境质量要求的地块，可进入用地程序。暂不开发利用或现阶段不具备治理修复条件的污染地块，由所在地县级人民政府组织划定管控区域，设立标识，发布公告，开展土壤、地表水、地下水、空气环境监测；发现污染扩散的，有关责任主体要及时采取污染物隔离、阻断等环境风险管控措施。（国土资源部牵头，环境保护部、住房城乡建设部、水利部等参与）

（十三）落实监管责任。地方各级城乡规划部门要结合土壤

环境质量状况，加强城乡规划论证和审批管理。地方各级国土资源部门要依据土地利用总体规划、城乡规划和地块土壤环境质量状况，加强土地征收、收回、收购以及转让、改变用途等环节的监管。地方各级环境保护部门要加强对建设用地土壤环境状况调查、风险评估和污染地块治理与修复活动的监管。建立城乡规划、国土资源、环境保护等部门间的信息沟通机制，实行联动监管。（国土资源部、环境保护部、住房城乡建设部负责）

（十四）严格用地准入。将建设用地土壤环境管理要求纳入城市规划和供地管理，土地开发利用必须符合土壤环境质量要求。地方各级国土资源、城乡规划等部门在编制土地利用总体规划、城市总体规划、控制性详细规划等相关规划时，应充分考虑污染地块的环境风险，合理确定土地用途。（国土资源部、住房城乡建设部牵头，环境保护部参与）

五、强化未污染土壤保护，严控新增土壤污染

（十五）加强未利用地环境管理。按照科学有序原则开发利用未利用地，防止造成土壤污染。拟开发为农用地的，有关县（市、区）人民政府要组织开展土壤环境质量状况评估；不符合相应标准的，不得种植食用农产品。各地要加强纳入耕地后备资源的未利用地保护，定期开展巡查。依法严查向沙漠、滩涂、盐碱地、沼泽地等非法排污、倾倒有毒有害物质的环境违法行为。加强对矿山、油田等矿产资源开采活动影响区域内未利用地的环境监管，发现土壤污染问题的，要及时督促有关企业采取防治措施。推动盐碱地土壤改良，自 2017 年起，在新疆生产建设兵团等地开展利用燃煤电厂脱硫石膏改良盐碱地试点。（环

境保护部、国土资源部牵头，国家发展改革委、公安部、水利部、农业部、国家林业局等参与）

（十六）防范建设用地新增污染。排放重点污染物的建设项目，在开展环境影响评价时，要增加对土壤环境影响的评价内容，并提出防范土壤污染的具体措施；需要建设的土壤污染防治设施，要与主体工程同时设计、同时施工、同时投产使用；有关环境保护部门要做好有关措施落实情况的监督管理工作。自 2017 年起，有关地方人民政府要与重点行业企业签订土壤污染防治责任书，明确相关措施和责任，责任书向社会公开。（环境保护部负责）

（十七）强化空间布局管控。加强规划区划和建设项目布局论证，根据土壤等环境承载能力，合理确定区域功能定位、空间布局。鼓励工业企业集聚发展，提高土地节约集约利用水平，减少土壤污染。严格执行相关行业企业布局选址要求，禁止在居民区、学校、医疗和养老机构等周边新建有色金属冶炼、焦化等行业企业；结合推进新型城镇化、产业结构调整和化解过剩产能等，有序搬迁或依法关闭对土壤造成严重污染的现有企业。结合区域功能定位和土壤污染防治需要，科学布局生活垃圾处理、危险废物处置、废旧资源再生利用等设施和场所，合理确定畜禽养殖布局和规模。（国家发展改革委牵头，工业和信息化部、国土资源部、环境保护部、住房城乡建设部、水利部、农业部、国家林业局等参与）

六、加强污染源监管，做好土壤污染预防工作

（十八）严控工矿污染。加强日常环境监管。各地要根据工矿企业分布和污染排放情况，确定土壤环境重点监管企业名单，

实行动态更新，并向社会公布。列入名单的企业每年要自行对其用地进行土壤环境监测，结果向社会公开。有关环境保护部门要定期对重点监管企业和工业园区周边开展监测，数据及时上传全国土壤环境信息化管理平台，结果作为环境执法和风险预警的重要依据。适时修订国家鼓励的有毒有害原料（产品）替代品目录。加强电器电子、汽车等工业产品中有害物质控制。有色金属冶炼、石油加工、化工、焦化、电镀、制革等行业企业拆除生产设施设备、构筑物和污染治理设施，要事先制定残留污染物清理和安全处置方案，并报所在地县级环境保护、工业和信息化部门备案；要严格按照有关规定实施安全处理处置，防范拆除活动污染土壤。2017年底前，发布企业拆除活动污染防治技术规定。（环境保护部、工业和信息化部负责）

严防矿产资源开发污染土壤。自2017年起，内蒙古、江西、河南、湖北、湖南、广东、广西、四川、贵州、云南、陕西、甘肃、新疆等省（区）矿产资源开发活动集中的区域，执行重点污染物特别排放限值。全面整治历史遗留尾矿库，完善覆膜、压土、排洪、堤坝加固等隐患治理和闭库措施。有重点监管尾矿库的企业要开展环境风险评估，完善污染治理设施，储备应急物资。加强对矿产资源开发利用活动的辐射安全监管，有关企业每年要对本矿区土壤进行辐射环境监测。（环境保护部、安全监管总局牵头，工业和信息化部、国土资源部参与）

加强涉重金属行业污染防控。严格执行重金属污染物排放标准并落实相关总量控制指标，加大监督检查力度，对整改后仍不达标的企业，依法责令其停业、关闭，并将企业名单向社会公开。继续淘汰涉重金属重点行业落后产能，完善重金属相关行业准入条件，禁止新建落后产能或产能严重过剩行业的建设项目。按计划逐步淘汰普通照明白炽灯。提高铅酸蓄电池等行业落后产能淘汰标准，逐步退出落后产能。制定涉重金属重点工业行业清洁生产技术推行方案，鼓励企业采用先进适用生产工艺和技术。2020 年重点行业的重点重金属排放量要比 2013 年下降 10%。（环境保护部、工业和信息化部牵头，国家发展改革委参与）

加强工业废物处理处置。全面整治尾矿、煤矸石、工业副产石膏、粉煤灰、赤泥、冶炼渣、电石渣、铬渣、砷渣以及脱硫、脱硝、除尘产生固体废物的堆存场所，完善防扬散、防流失、防渗漏等设施，制定整治方案并有序实施。加强工业固体废物综合利用。对电子废物、废轮胎、废塑料等再生利用活动进行清理整顿，引导有关企业采用先进适用加工工艺、集聚发展，集中建设和运营污染治理设施，防止污染土壤和地下水。自 2017 年起，在京津冀、长三角、珠三角等地区的部分城市开展污水与污泥、废气与废渣协同治理试点。（环境保护部、国家发展改革委牵头，工业和信息化部、国土资源部参与）

（十九）控制农业污染。合理使用化肥农药。鼓励农民增施有机肥，减少化肥使用量。科学施用农药，推行农作物病虫害专业化统防统治和绿色防控，推广高效低毒低残留农药和现代植保机械。加强农药包装废弃物回收处理，自 2017 年起，在江苏、山东、河南、海南等省份选择部分产粮（油）大县和蔬菜产业重点县开展试点；到 2020 年，推广到全国 30% 的产粮（油）大县和所有蔬菜产业重点县。推行农业清洁生产，开展农业废弃物资源化利用试点，形成一批可复制、可推广的农业面源污染防治技术模式。严禁将城镇生活垃圾、污泥、工业废物直接用作肥料。到 2020 年，全国主要农作物化肥、农药使用量实现零增长，利用率提高到 40% 以上，测土配方施肥技术推广覆盖率提高到 90% 以上。(农业部牵头，国家发展改革委、环境保护部、住房城乡建设部、供销合作总社等参与)

加强废弃农膜回收利用。严厉打击违法生产和销售不合格农膜的行为。建立健全废弃农膜回收贮运和综合利用网络，开展废弃农膜回收利用试点；到 2020 年，河北、辽宁、山东、河南、甘肃、新疆等农膜使用量较高省份力争实现废弃农膜全面回收利用。(农业部牵头，国家发展改革委、工业和信息化部、公安部、工商总局、供销合作总社等参与)

强化畜禽养殖污染防治。严格规范兽药、饲料添加剂的生产和使用，防止过量使用，促进源头减量。加强畜禽粪便综合利用，在部分生猪大县开展种养业有机结合、循环发展试点。鼓励支持畜禽粪便处理利用设施建设，到 2020 年，规模化养殖场、养殖小区配套建设废弃物处理设施比例达到 75% 以上。(农业部牵头，国家发展改革委、环境保护部参与)

加强灌溉水水质管理。开展灌溉水水质监测。灌溉用水应符合农田灌溉水水质标准。对因长期使用污水灌溉导致土壤污染严重、威胁农产品质量安全的，要及时调整种植结构。(水利部牵头，农业部参与)

(二十) 减少生活污染。建立政府、社区、企业和居民协调机制，通过分类投放收集、综合循环利用，促进垃圾减量化、资源化、无害化。建立村庄保洁制度，推进农村生活垃圾治理，实施农村生活污水治理工程。整治非正规垃圾填埋场。深入实施"以奖促治"政策，扩大农村环境连片整治范围。推进水泥窑协同处置生活垃圾试点。鼓励将处理达标后的污泥用于园林绿化。开展利用建筑垃圾生产建材产品等资源化利用示范。强化废氧化汞电池、镍镉电池、铅酸蓄电池和含汞荧光灯管、温度计等含重金属废物的安全处置。减少过度包装，鼓励使用环境标志产品。（住房城乡建设部牵头，国家发展改革委、工业和信息化部、财政部、环境保护部参与）

七、开展污染治理与修复，改善区域土壤环境质量

（二十一）明确治理与修复主体。按照"谁污染，谁治理"原则，造成土壤污染的单位或个人要承担治理与修复的主体责任。责任主体发生变更的，由变更后继承其债权、债务的单位或个人承担相关责任；土地使用权依法转让的，由土地使用权受让人或双方约定的责任人承担相关责任。责任主体灭失或责任主体不明确的，由所在地县级人民政府依法承担相关责任。（环境保护部牵头，国土资源部、住房城乡建设部参与）

（二十二）制定治理与修复规划。各省（区、市）要以影响农产品质量和人居环境安全的突出土壤污染问题为重点，制定土壤污染治理与修复规划，明确重点任务、责任单位和分年度实施计划，建立项目库，2017年底前完成。规划报环境保护部备案。京津冀、长三角、珠三角地区要率先完成。（环境保护部牵头，国土资源部、住房城乡建设部、农业部等参与）

（二十三）有序开展治理与修复。确定治理与修复重点。各地要结合城市环境质量提升和发展布局调整，以拟开发建设居住、商业、学校、医疗和养老机构等项目的污染地块为重点，开展治理与修复。在江西、湖北、湖南、广东、广西、四川、

贵州、云南等省份污染耕地集中区域优先组织开展治理与修复；其他省份要根据耕地土壤污染程度、环境风险及其影响范围，确定治理与修复的重点区域。到 2020 年，受污染耕地治理与修复面积达到 1000 万亩。（国土资源部、农业部、环境保护部牵头，住房城乡建设部参与）

强化治理与修复工程监管。治理与修复工程原则上在原址进行，并采取必要措施防止污染土壤挖掘、堆存等造成二次污染；需要转运污染土壤的，有关责任单位要将运输时间、方式、线路和污染土壤数量、去向、最终处置措施等，提前向所在地和接收地环境保护部门报告。工程施工期间，责任单位要设立公告牌，公开工程基本情况、环境影响及其防范措施；所在地环境保护部门要对各项环境保护措施落实情况进行检查。工程完工后，责任单位要委托第三方机构对治理与修复效果进行评估，结果向社会公开。实行土壤污染治理与修复终身责任制，2017 年底前，出台有关责任追究办法。（环境保护部牵头，国土资源部、住房城乡建设部、农业部参与）

（二十四）监督目标任务落实。各省级环境保护部门要定期向环境保护部报告土壤污染治理与修复工作进展；环境保护部要会同有关部门进行督导检查。各省（区、市）要委托第三方机构对本行政区域各县（市、区）土壤污染治理与修复成效进行综合评估，结果向社会公开。2017 年底前，出台土壤污染治理与修复成效评估办法。（环境保护部牵头，国土资源部、住房城乡建设部、农业部参与）

八、加大科技研发力度，推动环境保护产业发展

（二十五）加强土壤污染防治研究。整合高等学校、研究机

构、企业等科研资源，开展土壤环境基准、土壤环境容量与承载能力、污染物迁移转化规律、污染生态效应、重金属低积累作物和修复植物筛选，以及土壤污染与农产品质量、人体健康关系等方面基础研究。推进土壤污染诊断、风险管控、治理与修复等共性关键技术研究，研发先进适用装备和高效低成本功能材料（药剂），强化卫星遥感技术应用，建设一批土壤污染防治实验室、科研基地。优化整合科技计划（专项、基金等），支持土壤污染防治研究。（科技部牵头，国家发展改革委、教育部、工业和信息化部、国土资源部、环境保护部、住房城乡建设部、农业部、国家卫生计生委、国家林业局、中科院等参与）

（二十六）加大适用技术推广力度。建立健全技术体系。综合土壤污染类型、程度和区域代表性，针对典型受污染农用地、污染地块，分批实施 200 个土壤污染治理与修复技术应用试点项目，2020 年底前完成。根据试点情况，比选形成一批易推广、成本低、效果好的适用技术。（环境保护部、财政部牵头，科技部、国土资源部、住房城乡建设部、农业部等参与）

加快成果转化应用。完善土壤污染防治科技成果转化机制，建成以环保为主导产业的高新技术产业开发区等一批成果转化平台。2017 年底前，发布鼓励发展的土壤污染防治重大技术装备目录。开展国际合作研究与技术交流，引进消化土壤污染风险识别、土壤污染物快速检测、土壤及地下水污染阻隔等风险管控先进技术和管理经验。（科技部牵头，国家发展改革委、教育部、工业和信息化部、国土资源部、环境保护部、住房城乡建设部、农业部、中科院等参与）

（二十七）推动治理与修复产业发展。放开服务性监测市场，鼓励社会机构参与土壤环境监测评估等活动。通过政策推动，加快完善覆盖土壤环境调查、分析测试、风险评估、治理与修复工程设计和施工等环节的成熟产业链，形成若干综合实力雄厚的龙头企业，培育一批充满活力的中小企业。推动有条件的地区建设产业化示范基地。规范土壤污染治理与修复从业单位和人员管理，建立健全监督机制，将技术服务能力弱、运营管理水平低、综合信用差的从业单位名单通过企业信用信息公示系统向社会公开。发挥"互联网+"在土壤污染治理与修复全产业链中的作用，推进大众创业、万众创新。（国家发展改革委牵头，科技部、工业和信息化部、国土资源部、环境保护部、住房城乡建设部、农业部、商务部、工商总局等参与）

九、发挥政府主导作用，构建土壤环境治理体系

（二十八）强化政府主导。完善管理体制。按照"国家统筹、省负总责、市县落实"原则，完善土壤环境管理体制，全面落实土壤污染防治属地责任。探索建立跨行政区域土壤污染防治联动协作机制。（环境保护部牵头，国家发展改革委、科技部、工业和信息化部、财政部、国土资源部、住房城乡建设部、农业部等参与）

加大财政投入。中央和地方各级财政加大对土壤污染防治工作的支持力度。中央财政整合重金属污染防治专项资金等，设立土壤污染防治专项资金，用于土壤环境调查与监测评估、监督管理、治理与修复等工作。各地应统筹相关财政资金，通过现有政策和资金渠道加大支持，将农业综合开发、高标准农田建设、农田水利建设、耕地保护与质量提升、测土配方施肥等涉农资金，更多用于优先保护类耕地集中的县（市、区）。有

条件的省（区、市）可对优先保护类耕地面积增加的县（市、区）予以适当奖励。统筹安排专项建设基金，支持企业对涉重金属落后生产工艺和设备进行技术改造。（财政部牵头，国家发展改革委、工业和信息化部、国土资源部、环境保护部、水利部、农业部等参与）

完善激励政策。各地要采取有效措施，激励相关企业参与土壤污染治理与修复。研究制定扶持有机肥生产、废弃农膜综合利用、农药包装废弃物回收处理等企业的激励政策。在农药、化肥等行业，开展环保领跑者制度试点。（财政部牵头，国家发展改革委、工业和信息化部、国土资源部、环境保护部、住房城乡建设部、农业部、税务总局、供销合作总社等参与）

建设综合防治先行区。2016 年底前，在浙江省台州市、湖北省黄石市、湖南省常德市、广东省韶关市、广西壮族自治区河池市和贵州省铜仁市启动土壤污染综合防治先行区建设，重点在土壤污染源头预防、风险管控、治理与修复、监管能力建设等方面进行探索，力争到 2020 年先行区土壤环境质量得到明显改善。有关地方人民政府要编制先行区建设方案，按程序报环境保护部、财政部备案。京津冀、长三角、珠三角等地区可因地制宜开展先行区建设。（环境保护部、财政部牵头，国家发展改革委、国土资源部、住房城乡建设部、农业部、国家林业局等参与）

（二十九）发挥市场作用。通过政府和社会资本合作（PPP）模式，发挥财政资金撬动功能，带动更多社会资本参与土壤污染防治。加大政府购买服务力度，推动受污染耕地和以政府为责任主体的污染地块治理与修复。积极发展绿色金融，发挥政策性和开发性金融机构引导作用，为重大土壤污染防治项目提供支持。鼓励符合条件的土壤污染治理与修复企业发行股票。探索通过发行债券推进土壤污染治理与修复，在土壤污染综合防治先行区开展试点。有序开展重点行业企业环境污染强制责任保险试点。（国家发展改革委、环境保护部牵头，财政部、人民银行、银监会、证监会、保监会等参与）

（三十）加强社会监督。推进信息公开。根据土壤环境质量监测和调查结果，适时发布全国土壤环境状况。各省（区、市）人民政府定期公布本行政区域各地级市（州、盟）土壤环境状况。重点行业企业要依据有关规定，向社会公开其产生的污染物名称、排放方式、排放浓度、排放总量，以及污染防治设施建设和运行情况。（环境保护部牵头，国土资源部、住房城乡建设部、农业部等参与）

引导公众参与。实行有奖举报，鼓励公众通过"12369"环保举报热线、信函、电子邮件、政府网站、微信平台等途径，对乱排废水、废气，乱倒废渣、污泥等污染土壤的环境违法行为进行监督。有条件的地方可根据需要聘请环境保护义务监督员，参与现场环境执法、土壤污染事件调查处理等。鼓励种粮大户、家庭农场、农民合作社以及民间环境保护机构参与土壤污染防治工作。（环境保护部牵头，国土资源部、住房城乡建设部、农业部等参与）

推动公益诉讼。鼓励依法对污染土壤等环境违法行为提起公益诉讼。开展检察机关提起公益诉讼改革试点的地区，检察机关可以以公益诉讼人的身份，对污染土壤等损害社会公共利益的行为提起民事公益诉讼；也可以对负有土壤污染防治职责的行政机关，因违法行使职权或者不作为造成国家和社会公共利益受到侵害的行为提起行政公益诉讼。地方各级人民政府和有关部门应当积极配合司法机关的相关案件办理工作和检察机关的监督工作。（最高人民检察院、最高人民法院牵头，国土资源部、环境保护部、住房城乡建设部、水利部、农业部、国家林业局等参与）

（三十一）开展宣传教育。制定土壤环境保护宣传教育工作方案。制作挂图、视频，出版科普读物，利用互联网、数字化放映平台等手段，结合世界地球日、世界环境日、世界土壤日、世界粮食日、全国土地日等主题宣传活动，普及土壤污染防治相关知识，加强法律法规政策宣传解读，营造保护土壤环境的良好社会氛围，推动形成绿色发展方式和生活方式。把土壤环境保护宣传教育融入党政机关、学校、工厂、社区、农村等的环境宣传和培训工作。鼓励支持有条件的高等学校开设土壤环境专门课程。（环境保护部牵头，中央宣传部、教育部、国土资源部、住房城乡建设部、农业部、新闻出版广电总局、国家网信办、国家粮食局、中国科协等参与）

十、加强目标考核，严格责任追究

（三十二）明确地方政府主体责任。地方各级人民政府是实施本行动计划的主体，要于2016年底前分别制定并公布土壤污染防治工作方案，确定重点任务和工作目标。要加强组织领导，完善政策措施，加大资金投入，创新投融资模式，强化监督管理，抓好工作落实。各省（区、市）工作方案报国务院备案。（环境保护部牵头，国家发展改革委、财政部、国土资源部、住房城乡建设部、农业部等参与）

（三十三）加强部门协调联动。建立全国土壤污染防治工作协调机制，定期研究解决重大问题。各有关部门要按照职责分工，协同做好土壤污染防治工作。环境保护部要抓好统筹协调，加强督促检查，每年2月底前将上年度工作进展情况向国务院报告。（环境保护部牵头，国家发展改革委、科技部、工业和信息化部、财政部、国土资源部、住房城乡建设部、水利部、农业部、国家林业局等参与）

（三十四）落实企业责任。有关企业要加强内部管理，将土壤污染防治纳入环境风险防控体系，严格依法依规建设和运营污染治理设施，确保重点污染物稳定达标排放。造成土壤污染的，应承担损害评估、治理与修复的法律责任。逐步建立土壤污染治理与修复企业行业自律机制。国有企业特别是中央企业要带头落实。（环境保护部牵头，工业和信息化部、国务院国资委等参与）

（三十五）严格评估考核。实行目标责任制。2016年底前，国务院与各省（区、市）人民政府签订土壤污染防治目标责任书，分解落实目标任务。分年度对各省（区、市）重点工作进展情况进行评估，2020年对本行动计划实施情况进行考核，评估和考核结果作为对领导班子和领导干部综合考核评价、自然资源资产离任审计的重要依据。（环境保护部牵头，中央组织部、审计署参与）

评估和考核结果作为土壤污染防治专项资金分配的重要参考依据。（财政部牵头，环境保护部参与）

对年度评估结果较差或未通过考核的省（区、市），要提出限期整改意见，整改完成前，对有关地区实施建设项目环评限批；整改不到位的，要约谈有关省级人民政府及其相关部门负责人。对土壤环境问题突出、区域土壤环境质量明显下降、防治工作不力、群众反映强烈的地区，要约谈有关地市级人民政府和省级人民政府相关部门主要负责人。对失职渎职、弄虚作假的，区分情节轻重，予以诫勉、责令公开道歉、组织处理或党纪政纪处分；对构成犯罪的，要依法追究刑事责任，已经调离、提拔或者退休的，也要终身追究责任。（环境保护部牵头，中央组织部、监察部参与）

我国正处于全面建成小康社会决胜阶段，提高环境质量是人民群众的热切期盼，土壤污染防治任务艰巨。各地区、各有关部门要认清形势，坚定信心，狠抓落实，切实加强污染治理和生态保护，如期实现全国土壤污染防治目标，确保生态环境质量得到改善、各类自然生态系统安全稳定，为建设美丽中国、实现"两个一百年"奋斗目标和中华民族伟大复兴的中国梦作出贡献。

农用地土壤环境管理办法（试行）

中华人民共和国环境保护部
中华人民共和国农业部令
第 46 号

根据《中华人民共和国环境保护法》等有关法律、行政法规和《土壤污染防治行动计划》，制定《农用地土壤环境管理办法（试行）》。现予公布，自 2017 年 11 月 1 日起施行。

环境保护部部长
农业部部长
2017 年 9 月 25 日

第一章 总 则

第一条 为了加强农用地土壤环境保护监督管理，保护农用地土壤环境，管控农用地土壤环境风险，保障农产品质量安全，根据《中华人民共和国环境保护法》《中华人民共和国农产品质量安全法》等法律法规和《土壤污染防治行动计划》，制定本办法。

第二条 农用地土壤污染防治相关活动及其监督管理适用本办法。

前款所指的农用地土壤污染防治相关活动，是指对农用地开展的土壤污染预防、土壤污染状况调查、环境监测、环境质量类别划分、分类管理等活动。

本办法所称的农用地土壤环境质量类别划分和分类管理，主要适用于耕地。园地、草地、林地可参照本办法。

第三条 环境保护部对全国农用地土壤环境保护工作实施统一监督管理；县级以上地方环境保护主管部门对本行政区域内农用地土壤污染防治相关活动实施统一监督管理。

农业部对全国农用地土壤安全利用、严格管控、治理与修复等工作实施监督管理；县级以上地方农业主管部门负责本行政区域内农用地土壤安全利用、严格管控、治理与修复等工作的组织实施。

农用地土壤污染预防、土壤污染状况调查、环境监测、环境质量类别划分、农用地土壤优先保护、监督管理等工作，由县级以上环境保护和农业主管部门按照本办法有关规定组织实施。

第四条 环境保护部会同农业部制定农用地土壤污染状况调查、环境监测、环境质量类别划分等技术规范。

农业部会同环境保护部制定农用地土壤安全利用、严格管控、治理与修复、治理与修复效果评估等技术规范。

第五条 县级以上地方环境保护和农业主管部门在编制本行政区域的环境保护规划和农业发展规划时，应当包含农用地土壤污染防治工作的内容。

第六条 环境保护部会同农业部等部门组织建立全国农用地土壤环境管理信息系统（以下简称农用地环境信息系统），实行信息共享。

县级以上地方环境保护主管部门、农业主管部门应当按照国家有关规定，在本行政区域内组织建设和应用农用地环境信息系统，并加强农用地土壤环境信息统计工作，健全农用地土壤环境信息档案，定期上传农用地环境信息系统，实行信息共享。

第七条 受委托从事农用地土壤污染防治相关活动的专业机构，以及受委托从事治理与修复效果评估的第三方机构，应当遵守有关环境保护标准和技术规范，并对其出具的技术文件的真实性、准确性、完整性负责。

受委托从事治理与修复的专业机构，应当遵守国家有关环境保护标准和技术规范，在合同约定范围内开展工作，对治理与修复活动及其效果负责。

受委托从事治理与修复的专业机构在治理与修复活动中弄虚作假，对造成的环境污染和生态破坏负有责任的，除依照有关法律法规接受处罚外，还应当依法与造成环境污染和生态破坏的其他责任者承担连带责任。

第二章 土壤污染预防

第八条 排放污染物的企业事业单位和其他生产经营者应当采取有效措施，确保废水、废气排放和固体废物处理、处置符合国家有关规定要求，防止对周边农用地土壤造成污染。

从事固体废物和化学品储存、运输、处置的企业，应当采取措施防止固体废物和化学品的泄露、渗漏、遗撒、扬散污染农用地。

第九条 县级以上地方环境保护主管部门应当加强对企业

事业单位和其他生产经营者排污行为的监管，将土壤污染防治作为环境执法的重要内容。

设区的市级以上地方环境保护主管部门应当根据本行政区域内工矿企业分布和污染排放情况，确定土壤环境重点监管企业名单，上传农用地环境信息系统，实行动态更新，并向社会公布。

第十条 从事规模化畜禽养殖和农产品加工的单位和个人，应当按照相关规范要求，确定废物无害化处理方式和消纳场地。

县级以上地方环境保护主管部门、农业主管部门应当依据法定职责加强畜禽养殖污染防治工作，指导畜禽养殖废弃物综合利用，防止畜禽养殖活动对农用地土壤环境造成污染。

第十一条 县级以上地方农业主管部门应当加强农用地土壤污染防治知识宣传，提高农业生产者的农用地土壤环境保护意识，引导农业生产者合理使用肥料、农药、兽药、农用薄膜等农业投入品，根据科学的测土配方进行合理施肥，鼓励采取种养结合、轮作等良好农业生产措施。

第十二条 禁止在农用地排放、倾倒、使用污泥、清淤底泥、尾矿（渣）等可能对土壤造成污染的固体废物。

农田灌溉用水应当符合相应的水质标准，防止污染土壤、地下水和农产品。禁止向农田灌溉渠道排放工业废水或者医疗污水。向农田灌溉渠道排放城镇污水以及未综合利用的畜禽养殖废水、农产品加工废水的，应当保证其下游最近的灌溉取水点的水质符合农田灌溉水质标准。

第三章 调查与监测

第十三条 环境保护部会同农业部等部门建立农用地土壤污染状况定期调查制度，制定调查工作方案，每十年开展一次。

第十四条 环境保护部会同农业部等部门建立全国土壤环境质量监测网络，统一规划农用地土壤环境质量国控监测点位，规定监测要求，并组织实施全国农用地土壤环境监测工作。

农用地土壤环境质量国控监测点位应当重点布设在粮食生产功能区、重要农产品生产保护区、特色农产品优势区以及污染风险较大的区域等。

县级以上地方环境保护主管部门会同农业等有关部门，可以根据工作需要，布设地方农用地土壤环境质量监测点位，增加特征污染物监测项目，提高监测频次，有关监测结果应当及时上传农用地环境信息系统。

第十五条 县级以上农业主管部门应当根据不同区域的农产品质量安全情况，组织实施耕地土壤与农产品协同监测，开展风险评估，根据监测评估结果，优化调整安全利用措施，并将监测结果及时上传农用地环境信息系统。

第四章 分类管理

第十六条 省级农业主管部门会同环境保护主管部门，按照国家有关技术规范，根据土壤污染程度、农产品质量情况，组织开展耕地土壤环境质量类别划分工作，将耕地划分为优先保护类、安全利用类和严格管控类，划分结果报省级人民政府审定，并根据土地利用变更和土壤环境质量变化情况，定期对各类别农用地面积、分布等信息进行更新，数据上传至农用地环境信息系统。

第十七条　县级以上地方农业主管部门应当根据永久基本农田划定工作要求，积极配合相关部门将符合条件的优先保护类耕地划为永久基本农田，纳入粮食生产功能区和重要农产品生产保护区建设，实行严格保护，确保其面积不减少，耕地污染程度不上升。在优先保护类耕地集中的地区，优先开展高标准农田建设。

第十八条　严格控制在优先保护类耕地集中区域新建有色金属冶炼、石油加工、化工、焦化、电镀、制革等行业企业，有关环境保护主管部门依法不予审批可能造成耕地土壤污染的建设项目环境影响报告书或者报告表。优先保护类耕地集中区域现有可能造成土壤污染的相关行业企业应当按照有关规定采取措施，防止对耕地造成污染。

第十九条　对安全利用类耕地，应当优先采取农艺调控、替代种植、轮作、间作等措施，阻断或者减少污染物和其他有毒有害物质进入农作物可食部分，降低农产品超标风险。

对严格管控类耕地，主要采取种植结构调整或者按照国家计划经批准后进行退耕还林还草等风险管控措施。

对需要采取治理与修复工程措施的安全利用类或者严格管控类耕地，应当优先采取不影响农业生产、不降低土壤生产功能的生物修复措施，或辅助采取物理、化学治理与修复措施。

第二十条　县级以上地方农业主管部门应当根据农用地土壤安全利用相关技术规范要求，结合当地实际情况，组织制定农用地安全利用方案，报所在地人民政府批准后实施，并上传农用地环境信息系统。

农用地安全利用方案应当包括以下风险管控措施：

（一）针对主要农作物种类、品种和农作制度等具体情况，推广低积累品种替代、水肥调控、土壤调理等农艺调控措施，降低农产品有害物质超标风险；

（二）定期开展农产品质量安全监测和调查评估，实施跟踪监测，根据监测和评估结果及时优化调整农艺调控措施。

第二十一条 对需要采取治理与修复工程措施的受污染耕地，县级以上地方农业主管部门应当组织制定土壤污染治理与修复方案，报所在地人民政府批准后实施，并上传农用地环境信息系统。

第二十二条 从事农用地土壤污染治理与修复活动的单位和个人应当采取必要措施防止产生二次污染，并防止对被修复土壤和周边环境造成新的污染。治理与修复过程中产生的废水、废气和固体废物，应当按照国家有关规定进行处理或者处置，并达到国家或者地方规定的环境保护标准和要求。

第二十三条 县级以上地方环境保护主管部门应当对农用地土壤污染治理与修复的环境保护措施落实情况进行监督检查。

治理与修复活动结束后，县级以上地方农业主管部门应当委托第三方机构对治理与修复效果进行评估，评估结果上传农用地环境信息系统。

第二十四条 县级以上地方农业主管部门应当对严格管控类耕地采取以下风险管控措施：

（一）依法提出划定特定农产品禁止生产区域的建议；

（二）会同有关部门按照国家退耕还林还草计划，组织制定种植结构调整或者退耕还林还草计划，报所在地人民政府批准后组织实施，并上传农用地环境信息系统。

第二十五条 对威胁地下水、饮用水水源安全的严格管控类耕地，县级环境保护主管部门应当会同农业等主管部门制定环境风险管控方案，报同级人民政府批准后组织实施，并上传农用地环境信息系统。

第五章 监督管理

第二十六条 设区的市级以上地方环境保护主管部门应当定期对土壤环境重点监管企业周边农用地开展监测，监测结果作为环境执法和风险预警的重要依据，并上传农用地环境信息系统。

设区的市级以上地方环境保护主管部门应当督促土壤环境重点监管企业自行或者委托专业机构开展土壤环境监测，监测结果向社会公开，并上传农用地环境信息系统。

第二十七条 县级以上环境保护主管部门和县级以上农业主管部门，有权对本行政区域内的农用地土壤污染防治相关活动进行现场检查。被检查单位应当予以配合，如实反映情况，提供必要的资料。实施现场检查的部门、机构及其工作人员应当为被检查单位保守商业秘密。

第二十八条 突发环境事件可能造成农用地土壤污染的，县级以上地方环境保护主管部门应当及时会同农业主管部门对可能受到污染的农用地土壤进行监测，并根据监测结果及时向当地人民政府提出应急处置建议。

第二十九条 违反本办法规定，受委托的专业机构在从事农用地土壤污染防治相关活动中，不负责任或者弄虚作假的，由县级以上地方环境保护主管部门、农业主管部门将该机构失信情况记入其环境信用记录，并通过企业信用信息系统向社会公开。

第六章 附 则

第三十条 本办法自 2017 年 11 月 1 日起施行。

污染地块土壤环境管理办法（试行）

中华人民共和国环境保护部令

第 42 号

《污染地块土壤环境管理办法（试行）》已于
2016 年 12 月 27 日由环境保护部部务会议审议通过，
现予公布，自 2017 年 7 月 1 日起施行。

环境保护部部长

2016 年 12 月 31 日

第一章 总 则

第一条 为了加强污染地块环境保护监督管理，防控污染
地块环境风险，根据《中华人民共和国环境保护法》等法律法
规和国务院发布的《土壤污染防治行动计划》，制定本办法。

第二条 本办法所称疑似污染地块，是指从事过有色金属
冶炼、石油加工、化工、焦化、电镀、制革等行业生产经营活
动，以及从事过危险废物贮存、利用、处置活动的用地。

按照国家技术规范确认超过有关土壤环境标准的疑似污染
地块，称为污染地块。

本办法所称疑似污染地块和污染地块相关活动，是指对疑
似污染地块开展的土壤环境初步调查活动，以及对污染地块开
展的土壤环境详细调查、风险评估、风险管控、治理与修复及

其效果评估等活动。

　　第三条　拟收回土地使用权的，已收回土地使用权的，以及用途拟变更为居住用地和商业、学校、医疗、养老机构等公共设施用地的疑似污染地块和污染地块相关活动及其环境保护监督管理，适用本办法。

　　不具备本条第一款情形的疑似污染地块和污染地块土壤环境管理办法另行制定。

　　放射性污染地块环境保护监督管理，不适用本办法。

　　第四条　环境保护部对全国土壤环境保护工作实施统一监督管理。

　　地方各级环境保护主管部门负责本行政区域内的疑似污染地块和污染地块相关活动的监督管理。

　　按照国家有关规定，县级环境保护主管部门被调整为设区的市级环境保护主管部门派出分局的，由设区的市级环境保护主管部门组织所属派出分局开展疑似污染地块和污染地块相关活动的监督管理。

　　第五条　环境保护部制定疑似污染地块和污染地块相关活动方面的环境标准和技术规范。

　　第六条　环境保护部组织建立全国污染地块土壤环境管理信息系统（以下简称污染地块信息系统）。

　　县级以上地方环境保护主管部门按照环境保护部的规定，在本行政区域内组织建设和应用污染地块信息系统。

　　疑似污染地块和污染地块的土地使用权人应当按照环境保护部的规定，通过污染地块信息系统，在线填报并提交疑似污染地块和污染地块相关活动信息。

县级以上环境保护主管部门应当通过污染地块信息系统，与同级城乡规划、国土资源等部门实现信息共享。

第七条 任何单位或者个人有权向环境保护主管部门举报未按照本办法规定开展疑似污染地块和污染地块相关活动的行为。

第八条 环境保护主管部门鼓励和支持社会组织，对造成土壤污染、损害社会公共利益的行为，依法提起环境公益诉讼。

第二章 各方责任

第九条 土地使用权人应当按照本办法的规定，负责开展疑似污染地块和污染地块相关活动，并对上述活动的结果负责。

第十条 按照"谁污染，谁治理"原则，造成土壤污染的单位或者个人应当承担治理与修复的主体责任。

责任主体发生变更的，由变更后继承其债权、债务的单位或者个人承担相关责任。

责任主体灭失或者责任主体不明确的，由所在地县级人民政府依法承担相关责任。

土地使用权依法转让的，由土地使用权受让人或者双方约定的责任人承担相关责任。

土地使用权终止的，由原土地使用权人对其使用该地块期间所造成的土壤污染承担相关责任。

土壤污染治理与修复实行终身责任制。

第十一条 受委托从事疑似污染地块和污染地块相关活动的专业机构，或者受委托从事治理与修复效果评估的第三方机构，应当遵守有关环境标准和技术规范，并对相关活动的调查报告、评估报告的真实性、准确性、完整性负责。

受委托从事风险管控、治理与修复的专业机构，应当遵守国家有关环境标准和技术规范，按照委托合同的约定，对风险管控、治理与修复的效果承担相应责任。

受委托从事风险管控、治理与修复的专业机构，在风险管控、治理与修复等活动中弄虚作假，造成环境污染和生态破坏，除依照有关法律法规接受处罚外，还应当依法与造成环境污染和生态破坏的其他责任者承担连带责任。

第三章　环境调查与风险评估

第十二条　县级环境保护主管部门应当根据国家有关保障工业企业场地再开发利用环境安全的规定，会同工业和信息化、城乡规划、国土资源等部门，建立本行政区域疑似污染地块名单，并及时上传污染地块信息系统。

疑似污染地块名单实行动态更新。

第十三条　对列入疑似污染地块名单的地块，所在地县级环境保护主管部门应当书面通知土地使用权人。

土地使用权人应当自接到书面通知之日起六个月内完成土壤环境初步调查，编制调查报告，及时上传污染地块信息系统，并将调查报告主要内容通过其网站等便于公众知晓的方式向社会公开。

土壤环境初步调查应当按照国家有关环境标准和技术规范开展，调查报告应当包括地块基本信息、疑似污染地块是否为污染地块的明确结论等主要内容，并附具采样信息和检测报告。

第十四条　设区的市级环境保护主管部门根据土地使用权

人提交的土壤环境初步调查报告建立污染地块名录，及时上传污染地块信息系统，同时向社会公开，并通报各污染地块所在地县级人民政府。

对列入名录的污染地块，设区的市级环境保护主管部门应当按照国家有关环境标准和技术规范，确定该污染地块的风险等级。

污染地块名录实行动态更新。

第十五条 县级以上地方环境保护主管部门应当对本行政区域具有高风险的污染地块，优先开展环境保护监督管理。

第十六条 对列入污染地块名录的地块，设区的市级环境保护主管部门应当书面通知土地使用权人。

土地使用权人应当在接到书面通知后，按照国家有关环境标准和技术规范，开展土壤环境详细调查，编制调查报告，及时上传污染地块信息系统，并将调查报告主要内容通过其网站等便于公众知晓的方式向社会公开。

土壤环境详细调查报告应当包括地块基本信息，土壤污染物的分布状况及其范围，以及对土壤、地表水、地下水、空气污染的影响情况等主要内容，并附具采样信息和检测报告。

第十七条 土地使用权人应当按照国家有关环境标准和技术规范，在污染地块土壤环境详细调查的基础上开展风险评估，编制风险评估报告，及时上传污染地块信息系统，并将评估报告主要内容通过其网站等便于公众知晓的方式向社会公开。

风险评估报告应当包括地块基本信息、应当关注的污染物、主要暴露途径、风险水平、风险管控以及治理与修复建议等主要内容。

第四章　风险管控

第十八条　污染地块土地使用权人应当根据风险评估结果，并结合污染地块相关开发利用计划，有针对性地实施风险管控。

对暂不开发利用的污染地块，实施以防止污染扩散为目的的风险管控。

对拟开发利用为居住用地和商业、学校、医疗、养老机构等公共设施用地的污染地块，实施以安全利用为目的的风险管控。

第十九条　污染地块土地使用权人应当按照国家有关环境标准和技术规范，编制风险管控方案，及时上传污染地块信息系统，同时抄送所在地县级人民政府，并将方案主要内容通过其网站等便于公众知晓的方式向社会公开。

风险管控方案应当包括管控区域、目标、主要措施、环境监测计划以及应急措施等内容。

第二十条　土地使用权人应当按照风险管控方案要求，采取以下主要措施：

（一）及时移除或者清理污染源；

（二）采取污染隔离、阻断等措施，防止污染扩散；

（三）开展土壤、地表水、地下水、空气环境监测；

（四）发现污染扩散的，及时采取有效补救措施。

第二十一条　因采取风险管控措施不当等原因，造成污染地块周边的土壤、地表水、地下水或者空气污染等突发环境事件的，土地使用权人应当及时采取环境应急措施，并向所在地县级以上环境保护主管部门和其他有关部门报告。

第二十二条　对暂不开发利用的污染地块，由所在地县级环境保护主管部门配合有关部门提出划定管控区域的建议，报同级人民政府批准后设立标识、发布公告，并组织开展土壤、地表水、地下水、空气环境监测。

第五章　治理与修复

第二十三条　对拟开发利用为居住用地和商业、学校、医疗、养老机构等公共设施用地的污染地块，经风险评估确认需要治理与修复的，土地使用权人应当开展治理与修复。

第二十四条　对需要开展治理与修复的污染地块，土地使用权人应当根据土壤环境详细调查报告、风险评估报告等，按照国家有关环境标准和技术规范，编制污染地块治理与修复工程方案，并及时上传污染地块信息系统。

土地使用权人应当在工程实施期间，将治理与修复工程方案的主要内容通过其网站等便于公众知晓的方式向社会公开。

工程方案应当包括治理与修复范围和目标、技术路线和工艺参数、二次污染防范措施等内容。

第二十五条　污染地块治理与修复期间，土地使用权人或者其委托的专业机构应当采取措施，防止对地块及其周边环境造成二次污染；治理与修复过程中产生的废水、废气和固体废物，应当按照国家有关规定进行处理或者处置，并达到国家或者地方规定的环境标准和要求。

治理与修复工程原则上应当在原址进行；确需转运污染土壤的，土地使用权人或者其委托的专业机构应当将运输时间、方式、线路和污染土壤数量、去向、最终处置措施等，提前五个工作日向所在地和接收地设区的市级环境保护主管部门报告。

修复后的土壤再利用应当符合国家或者地方有关规定和标准要求。

治理与修复期间，土地使用权人或者其委托的专业机构应当设立公告牌和警示标识，公开工程基本情况、环境影响及其防范措施等。

第二十六条 治理与修复工程完工后，土地使用权人应当委托第三方机构按照国家有关环境标准和技术规范，开展治理与修复效果评估，编制治理与修复效果评估报告，及时上传污染地块信息系统，并通过其网站等便于公众知晓的方式公开，公开时间不得少于两个月。

治理与修复效果评估报告应当包括治理与修复工程概况、环境保护措施落实情况、治理与修复效果监测结果、评估结论及后续监测建议等内容。

第二十七条 污染地块未经治理与修复，或者经治理与修复但未达到相关规划用地土壤环境质量要求的，有关环境保护主管部门不予批准选址涉及该污染地块的建设项目环境影响报告书或者报告表。

第二十八条 县级以上环境保护主管部门应当会同城乡规划、国土资源等部门，建立和完善污染地块信息沟通机制，对污染地块的开发利用实行联动监管。

污染地块经治理与修复，并符合相应规划用地土壤环境质量要求后，可以进入用地程序。

第六章 监督管理

第二十九条 县级以上环境保护主管部门及其委托的环境

监察机构，有权对本行政区域内的疑似污染地块和污染地块相关活动进行现场检查。被检查单位应当予以配合，如实反映情况，提供必要的资料。实施现场检查的部门、机构及其工作人员应当为被检查单位保守商业秘密。

第三十条 县级以上环境保护主管部门对疑似污染地块和污染地块相关活动进行监督检查时，有权采取下列措施：

（一）向被检查单位调查、了解疑似污染地块和污染地块的有关情况；

（二）进入被检查单位进行现场核查或者监测；

（三）查阅、复制相关文件、记录以及其他有关资料；

（四）要求被检查单位提交有关情况说明。

第三十一条 设区的市级环境保护主管部门应当于每年的12月31日前，将本年度本行政区域的污染地块环境管理工作情况报省级环境保护主管部门。

省级环境保护主管部门应当于每年的1月31日前，将上一年度本行政区域的污染地块环境管理工作情况报环境保护部。

第三十二条 违反本办法规定，受委托的专业机构在编制土壤环境初步调查报告、土壤环境详细调查报告、风险评估报告、风险管控方案、治理与修复方案过程中，或者受委托的第三方机构在编制治理与修复效果评估报告过程中，不负责任或者弄虚作假致使报告失实的，由县级以上环境保护主管部门将该机构失信情况记入其环境信用记录，并通过企业信用信息公示系统向社会公开。

第七章 附 则

第三十三条 本办法自2017年7月1日起施行。

农田水利条例

中华人民共和国国务院令

第 669 号

《农田水利条例》已经 2016 年 4 月 27 日国务院第 131 次常务会议通过，现予公布，自 2016 年 7 月 1 日起施行。

总理　李克强

2016 年 5 月 17 日

第一章　总　　则

第一条　为了加快农田水利发展，提高农业综合生产能力，保障国家粮食安全，制定本条例。

第二条　农田水利规划的编制实施、农田水利工程建设和运行维护、农田灌溉和排水等活动，适用本条例。

本条例所称农田水利，是指为防治农田旱、涝、渍和盐碱灾害，改善农业生产条件，采取的灌溉、排水等工程措施和其他相关措施。

第三条 发展农田水利，坚持政府主导、科学规划、因地制宜、节水高效、建管并重的原则。

县级以上人民政府应当加强对农田水利工作的组织领导，采取措施保障农田水利发展。

第四条 国务院水行政主管部门负责全国农田水利的管理和监督工作。国务院有关部门按照职责分工做好农田水利相关工作。

县级以上地方人民政府水行政主管部门负责本行政区域农田水利的管理和监督工作。县级以上地方人民政府有关部门按照职责分工做好农田水利相关工作。

乡镇人民政府应当协助上级人民政府及其有关部门做好本行政区域农田水利工程建设和运行维护等方面的工作。

第五条 国家鼓励和引导农村集体经济组织、农民用水合作组织、农民和其他社会力量进行农田水利工程建设、经营和运行维护，保护农田水利工程设施，节约用水，保护生态环境。

国家依法保护农田水利工程投资者的合法权益。

第二章　规　划

第六条 国务院水行政主管部门负责编制全国农田水利规划，征求国务院有关部门意见后，报国务院或者国务院授权的部门批准公布。

县级以上地方人民政府水行政主管部门负责编制本行政区域农田水利规划，征求本级人民政府有关部门意见后，报本级人民政府批准公布。

第七条 编制农田水利规划应当统筹考虑经济社会发展水平、水土资源供需平衡、农业生产需求、灌溉排水发展需求、环境保护等因素。

农田水利规划应当包括发展思路、总体任务、区域布局、保障措施等内容；县级农田水利规划还应当包括水源保障、工程布局、工程规模、生态环境影响、工程建设和运行维护、技术推广、资金筹措等内容。

第八条 县级以上人民政府应当组织开展农田水利调查。农田水利调查结果是编制农田水利规划的依据。

县级人民政府水行政主管部门编制农田水利规划，应当征求农村集体经济组织、农民用水合作组织、农民等方面的意见。

第九条 下级农田水利规划应当根据上级农田水利规划编制，并向上一级人民政府水行政主管部门备案。

经批准的农田水利规划是农田水利建设和管理的依据。农田水利规划确需修改的，应当按照原审批程序报送审批。

第十条 县级以上人民政府水行政主管部门和其他有关部门按照职责分工负责实施农田水利规划。

县级以上人民政府水行政主管部门应当会同本级人民政府有关部门对农田水利规划实施情况进行评估，并将评估结果向本级人民政府报告。

第十一条 编制土地整治、农业综合开发等规划涉及农田水利，应当与农田水利规划相衔接，并征求本级人民政府水行政主管部门的意见。

第三章　工程建设

第十二条　县级人民政府应当根据农田水利规划组织制定农田水利工程建设年度实施计划，统筹协调有关部门和单位安排的与农田水利有关的各类工程建设项目。

乡镇人民政府应当协调农村集体经济组织、农民用水合作组织以及其他社会力量开展农田水利工程建设的有关工作。

第十三条　农田水利工程建设应当符合国家有关农田水利标准。

农田水利标准由国务院标准化主管部门、水行政主管部门以及省、自治区、直辖市人民政府标准化主管部门、水行政主管部门依照法定程序和权限组织制定。

第十四条　农田水利工程建设应当节约集约使用土地。县级以上人民政府应当根据农田水利规划，保障农田水利工程建设用地需求。

第十五条　农田水利工程建设单位应当建立健全工程质量安全管理制度，对工程质量安全负责，并公示工程建设情况。

县级以上人民政府水行政主管部门和其他有关部门应当按照职责分工加强对农田水利工程建设的监督管理。

第十六条　政府投资建设的农田水利工程由县级以上人民政府有关部门组织竣工验收，并邀请有关专家和农村集体经济组织、农民用水合作组织、农民代表参加。社会力量投资建设的农田水利工程由投资者或者受益者组织竣工验收。政府与社会力量共同投资的农田水利工程，由县级以上人民政府有关部门、社会投资者或者受益者共同组织竣工验收。

大中型农田水利工程应当按照水利建设工程验收规程组织竣工验收。小型农田水利工程验收办法由省、自治区、直辖市人民政府水行政主管部门会同有关部门制定。

农田水利工程验收合格后，由县级以上地方人民政府水行政主管部门组织造册存档。

第十七条 县级以上人民政府水行政主管部门应当会同有关部门加强农田水利信息系统建设，收集与发布农田水利规划、农田水利工程建设和运行维护等信息。

第四章 工程运行维护

第十八条 农田水利工程按照下列规定确定运行维护主体：

（一）政府投资建设的大中型农田水利工程，由县级以上人民政府按照工程管理权限确定的单位负责运行维护，鼓励通过政府购买服务等方式引进社会力量参与运行维护；

（二）政府投资建设或者财政补助建设的小型农田水利工程，按照规定交由受益农村集体经济组织、农民用水合作组织、农民等使用和管理的，由受益者或者其委托的单位、个人负责运行维护；

（三）农村集体经济组织筹资筹劳建设的农田水利工程，由农村集体经济组织或者其委托的单位、个人负责运行维护；

（四）农民或者其他社会力量投资建设的农田水利工程，由投资者或者其委托的单位、个人负责运行维护；

（五）政府与社会力量共同投资建设的农田水利工程，由投资者按照约定确定运行维护主体。

农村土地承包经营权依法流转的，应当同时明确该土地上农田水利工程的运行维护主体。

第十九条 灌区农田水利工程实行灌区管理单位管理与受益农村集体经济组织、农民用水合作组织、农民等管理相结合的方式。灌区管理办法由国务院水行政主管部门会同有关部门制定。

第二十条 县级以上人民政府应当建立农田水利工程运行维护经费合理负担机制。

农田水利工程所有权人应当落实农田水利工程运行维护经费，保障运行维护工作正常进行。

第二十一条 负责农田水利工程运行维护的单位和个人应当建立健全运行维护制度，加强对农田水利工程的日常巡查、维修和养护，按照有关规定进行调度，保障农田水利工程正常运行。

农田水利工程水量调度涉及航道通航的，应当符合《中华人民共和国航道法》的有关规定。

第二十二条 县级以上人民政府水行政主管部门和农田水利工程所有权人应当加强对农田水利工程运行维护工作的监督，督促负责运行维护的单位和个人履行运行维护责任。

农村集体经济组织、农民用水合作组织、农民等发现影响农田水利工程正常运行的情形的，有权向县级以上人民政府水行政主管部门和农田水利工程所有权人报告。接到报告的县级以上人民政府水行政主管部门和农田水利工程所有权人应当督促负责运行维护的单位和个人及时处理。

第二十三条 禁止危害农田水利工程设施的下列行为：

（一）侵占、损毁农田水利工程设施；

（二）危害农田水利工程设施安全的爆破、打井、采石、取土等活动；

（三）堆放阻碍蓄水、输水、排水的物体；

（四）建设妨碍蓄水、输水、排水的建筑物和构筑物；

（五）向塘坝、沟渠排放污水、倾倒垃圾以及其他废弃物。

第二十四条 任何单位和个人不得擅自占用农业灌溉水源、农田水利工程设施。

新建、改建、扩建建设工程确需占用农业灌溉水源、农田水利工程设施的，应当与取用水的单位、个人或者农田水利工程所有权人协商，并报经有管辖权的县级以上地方人民政府水行政主管部门同意。

占用者应当建设与被占用的农田水利工程设施效益和功能相当的替代工程；不具备建设替代工程条件的，应当按照建设替代工程的总投资额支付占用补偿费；造成运行成本增加等其他损失的，应当依法给予补偿。补偿标准由省、自治区、直辖市制定。

第二十五条 农田水利工程设施因超过设计使用年限、灌溉排水功能基本丧失或者严重毁坏而无法继续使用的，工程所有权人或者管理单位应当按照有关规定及时处置，消除安全隐患，并将相关情况告知县级以上地方人民政府水行政主管部门。

第五章　灌溉排水管理

第二十六条　县级以上人民政府水行政主管部门应当加强对农田灌溉排水的监督和指导，做好技术服务。

第二十七条　农田灌溉用水实行总量控制和定额管理相结合的制度。

农作物灌溉用水定额依照《中华人民共和国水法》规定的权限和程序制定并公布。

农田灌溉用水应当合理确定水价，实行有偿使用、计量收费。

第二十八条　灌区管理单位应当根据有管辖权的县级以上人民政府水行政主管部门核定的年度取用水计划，制定灌区内用水计划和调度方案，与用水户签订用水协议。

第二十九条　农田灌溉用水应当符合相应的水质标准。县级以上地方人民政府环境保护主管部门应当会同水行政主管部门、农业主管部门加强对农田灌溉用水的水质监测。

第三十条　国家鼓励采取先进适用的农田排水技术和措施，促进盐碱地和中低产田改造；控制和合理利用农田排水，减少肥料流失，防止农业面源污染。

第三十一条　省、自治区、直辖市人民政府水行政主管部门应当组织做好本行政区域农田灌溉排水试验工作。灌溉试验站应当做好农田灌溉排水试验研究，加强科技成果示范推广，指导用水户科学灌溉排水。

第三十二条　国家鼓励推广应用喷灌、微灌、管道输水灌溉、渠道防渗输水灌溉等节水灌溉技术，以及先进的农机、农艺和生物技术等，提高灌溉用水效率。

第三十三条 粮食主产区和严重缺水、生态环境脆弱地区以及地下水超采地区应当优先发展节水灌溉。

国家鼓励企业、农村集体经济组织、农民用水合作组织等单位和个人投资建设节水灌溉设施，采取财政补助等方式鼓励购买节水灌溉设备。

第三十四条 规划建设商品粮、棉、油、菜等农业生产基地，应当充分考虑当地水资源条件。水资源短缺地区，限制发展高耗水作物；地下水超采区，禁止农田灌溉新增取用地下水。

第六章　保障与扶持

第三十五条 农田水利工程建设实行政府投入和社会力量投入相结合的方式。

县级以上人民政府应当多渠道筹措农田水利工程建设资金，保障农田水利建设投入。

第三十六条 县级人民政府应当及时公布农田水利工程建设年度实施计划、建设条件、补助标准等信息，引导社会力量参与建设农田水利工程。

县级以上地方人民政府应当支持社会力量通过提供农田灌溉服务、收取供水水费等方式，开展农田水利工程经营活动，保障其合法经营收益。

县级以上地方人民政府水行政主管部门应当为社会力量参与建设、经营农田水利工程提供指导和技术支持。

第三十七条　国家引导金融机构推出符合农田水利工程项目特点的金融产品和服务方式，加大对农田水利工程建设的信贷支持力度。

农田灌溉和排水的用电执行农业生产用电价格。

第三十八条　县级人民政府应当建立健全基层水利服务体系，将基层水利服务机构公益性业务经费纳入本级政府预算。基层水利服务机构应当履行农田水利建设管理、科技推广等公益性职能。

国家通过政府购买服务等方式，支持专业化服务组织开展农田灌溉和排水、农田水利工程设施维修等公益性工作。

第三十九条　县级以上人民政府水行政主管部门应当会同本级人民政府有关部门，制定农田水利新技术推广目录和培训计划，加强对基层水利服务人员和农民的培训。

第四十条　对农田水利工作中成绩显著的单位和个人，按照国家有关规定给予表彰。

第七章　法律责任

第四十一条　违反本条例规定，县级以上人民政府水行政主管部门和其他有关部门不依法履行农田水利管理和监督职责的，对负有责任的领导人员和直接责任人员依法给予处分；负有责任的领导人员和直接责任人员构成犯罪的，依法追究刑事责任。

第四十二条　违反本条例规定，县级以上人民政府确定的农田水利工程运行维护单位不按照规定进行维修养护和调度、不执行年度取用水计划的，由县级以上地方人民政府水行政主管部门责令改正；发生责任事故或者造成其他重大损失的，对直接负责的主管人员和其他直接责任人员依法给予处分；直接负责的主管人员和其他直接责任人员构成犯罪的，依法追究刑事责任。

第四十三条 违反本条例规定，有下列行为之一的，由县级以上地方人民政府水行政主管部门责令停止违法行为，限期恢复原状或者采取补救措施；逾期不恢复原状或者采取补救措施的，依法强制执行；造成损失的，依法承担民事责任；构成违反治安管理行为的，依法给予治安管理处罚；构成犯罪的，依法追究刑事责任：

（一）堆放阻碍农田水利工程设施蓄水、输水、排水的物体；

（二）建设妨碍农田水利工程设施蓄水、输水、排水的建筑物和构筑物；

（三）擅自占用农业灌溉水源、农田水利工程设施。

第四十四条 违反本条例规定，侵占、损毁农田水利工程设施，以及有危害农田水利工程设施安全的爆破、打井、采石、取土等行为的，依照《中华人民共和国水法》的规定处理。

违反本条例规定，向塘坝、沟渠排放污水、倾倒垃圾以及其他废弃物的，依照环境保护有关法律、行政法规的规定处理。

第八章 附　则

第四十五条 本条例自 2016 年 7 月 1 日起施行。

附 录

国家发展改革委印发关于支持 贫困地区农林水利基础设施建设 推进脱贫攻坚的指导意见

发改农经〔2016〕537号

贫困地区农林水利基础设施薄弱，生态环境相对脆弱，是制约脱贫致富的重要因素，是我国经济社会发展短板中的短板。为贯彻落实《中共中央国务院关于打赢脱贫攻坚战的决定》，加快贫困地区脱贫攻坚步伐，现就支持贫困地区农林水利基础设施建设、加快发展贫困地区特色产业、推进脱贫攻坚，提出如下意见：

一、总体要求

（一）指导思想。全面贯彻落实中共中央国务院关于新时期扶贫开发工作的决策部署，牢固树立创新、协调、绿色、开放、共享发展理念，坚持能力扶贫强基础，产业扶贫增后劲，民生扶贫兜底线，生态扶贫添收益，大幅度增加对贫困地区农林水利基础设施建设投入，支持贫困地区、贫困户因地制宜发展特色产业，为完成脱贫攻坚战略目标、实现全面建成小康社会目标奠定坚实基础。

（二）基本原则

——突出重点，整合资源。把脱贫攻坚作为"十三五"时期农村经济社会发展的头等大事和第一民生工程，支持贫困地区以脱贫攻坚规划和行业发展规划为统领，加强对涉农领域资金的统筹使用，切实提高资金使用效益。

——突出精准，确保成效。坚持问题导向，按照扶持对象精准、项目安排精准、资金使用精准、脱贫成效精准的要求，围绕贫困地区发展需求和贫困人口实际需要，加大支持力度，因人因地施策，确保实现贫困人口脱贫增收。

——突出服务，上下联动。加强中央预算内投资精细化管理，加快中央预算内投资计划下达进度，优化计划编报下达流程，强化投资项目全过程管理。加强各级发展改革部门的上下联动，以及与同级行业管理部门的横向协同，提高工作成效。

——突出监管，公开透明。深入推行涉农资金分配和项目安排公告公示制度，建立健全投资项目民主决策机制和群众监督机制。逐级落实监管责任，构建政府监督、群众参与、社会协同、法制保障的综合监管格局。

（三）主要目标。"十三五"时期，中央预算内农林水利建设投资用于贫困地区的比重达到40%左右，地方同步加大投入，并视情况进一步增大倾斜支持力度，力争贫困地区农林水利基础设施条件得到明显改善，生态环境保护得到明显加强，特色农业和农村二三产业得到加快发展。

二、提高贫困地区发展能力，夯实发展基础

（四）提高贫困地区粮食等重要农产品生产能力。强基础、补短板，着力加快贫困地区高标准农田建设，夯实农业发展基础。根据全国新增 1000 亿斤粮食生产能力规划和糖料主产区生产发展规划，"十三五"时期，对纳入范围的 165 个贫困县的高标准农田建设需求予以优先保障，安排投资计划时予以倾斜支持，确保在贫困县新建高标准农田 3000 万亩以上，力争率先完成贫困县高产稳产粮田和糖料蔗基地建设任务。

（五）加快推进贫困地区重大水利工程建设。以加快国务院确定的 172 项重大水利工程建设为统领，优先启动实施贫困地区重大水利工程项目，不断巩固和提升贫困地区的防洪抗旱减灾能力和水资源保障水平。全面加快吉林松原灌区、黑龙江尼尔基水库引嫩扩建骨干一期、湖北鄂北水资源配置、湖南莽山水库、贵州夹岩水利枢纽及黔西北调水、西藏拉洛水利枢纽、甘肃引洮供水二期、云南德厚水库、黄河下游防洪等在建重大水利工程建设，新开工引江济淮、云南滇中引水、内蒙古引绰济辽、四川向家坝灌区、新疆大石峡、广西驮英水库及灌区、青海引大济湟西干渠等一批重大工程，推动各项在建工程尽快建成发挥效益。按照"确有需要、生态安全、可以持续"的原则，在具备开发条件的地区再筹划论证一批重大水利工程。

三、推进贫困地区产业发展，增强发展后劲

（六）推进贫困地区农村产业融合发展。启动实施农村产业融合发展"百县千乡万村"试点示范工程，将贫困县优先纳入实施范围，指导贫困县编好做实试点示范实施方案。继续加大农村产业融合发展专项建设基金对贫困地区的支持力度，探索实行基金安排额度与带动农民增收程度、实现脱贫解困户数挂钩机制。构建政银企社多方合作机制，着力打造一批产业链条长、市场效益好、商业模式新、较好带动农民就业创业和致富增收的农村产业融合发展项目，探索可复制、可推广的产业扶贫模式。研究设立农村产业融合发展投资基金，统筹加大对贫困地区子基金或优质项目的支持力度。

（七）探索小水电产业扶贫模式。支持贫困地区合理开发小水电，重点选取部分水能资源丰富的贫困县，研究采取"国家引导、市场运作、贫困户持股并持续受益"的扶贫模式，建立贫困户直接受益机制。选择在部分地区部分项目开展试点，在受益范围如何确定、贫困户的认定与退出机制、分红标准与模式等方面开展探索，及时总结试点经验，视情况决定下一步支持方式。

（八）因地制宜实施农村沼气扶贫工程。在畜禽粪便、秸秆等农业农村废弃物资源丰富的贫困地区，建设一批规模化大型沼气工程、规模化生物天然气工程。工程所产沼气优先向相对集中居住的农户供气，其余沼气通过提纯后并入城镇天然气管网、沼气发电、养殖场自用等方式充分利用。沼渣沼液加工有机肥，生产绿色、有机农产品，促进农牧结合、种养循环。通过工程建设，防治农业面源污染，保护和改善农村环境，解决农民用能用肥问题，增加秸秆销售等收入，带动农民增收节支。

（九）支持贫困地区林业特色产业发展。加大对贫困地区林业特色产业发展的支持力度，结合退耕还林等工程建设，重点支持用材林、木本油料等发展，着力打造标准化、专业化、规模化的产业基地，提高产业发展的质量效益。推行以企业带动、农民合作组织联动的机制，把投入到基地的建设资金折股量化到村到户，提高建档立卡贫困人口的参与度和收益度。

四、改善贫困地区民生条件，共享发展成果

（十）实施农村饮水安全巩固提升工程。按照巩固成果、稳步提升的原则，结合推进新型城镇化、建设美丽宜居乡村和脱贫攻坚等工作部署，有针对性地加强贫困地区已建农村供水工程水源保护、水厂改造、配套延伸、水质检测和运行管护，进一步提高农村集中供水率、自来水普及率、水质达标率和供水保证率，促进贫困地区基本公共服务均等化。

（十一）完善贫困地区农业防灾减灾体系。抓紧实施牧区草原防灾减灾工程规划，对于纳入国家扶贫开发工作重点县范围的124个牧区半牧区县予以倾斜支持，提高草原雪灾、火灾、生物灾害防控能力，优先支持建档立卡贫困牧民建设牲畜暖棚，保障牲畜安全过冬，避免牧民因灾致贫返贫。

（十二）加快贫困地区水库移民脱贫解困步伐。加快修订中央水库移民扶持基金使用管理办法，实现资金分配向贫困群体倾斜。推动各地相应完善地方水库移民扶持基金使用管理办法，集中部分资金继续推进特困移民避险解困工作，对居住在生存条件恶劣、生态环境脆弱、自然灾害频发等地区的特困移民，加快实施移民搬迁，并通过产业扶持、教育培训等措施，实现特困移民有业可就、稳定脱贫。要加强与扶贫部门的沟通衔接，将符合条件的贫困移民村、贫困移民户、贫困移民人口纳入当地建档立卡范围，抓紧编制贫困移民脱贫攻坚工作方案，纳入当地水库移民后期扶持"十三五"规划，并加强水库移民后期扶持资金与扶贫资金的整合，发挥政策叠加效应，确保2020年实现水库移民贫困人口全部脱贫。

五、加强贫困地区生态保护和建设，保护青山绿水

(十三) 着力加强贫困县石漠化治理。以136个集中连片特殊困难地区县、10个国家扶贫开发工作重点县为重点，加大石漠化综合治理力度。坚持"治石与治贫"相结合，强化生态经济林、木竹原料林、林下经济、草食畜牧业、生态旅游业等发展，培育绿色增长点，改善石漠化地区贫困人口的生产生活条件，带动和促进贫困人口就业增收，加快石漠化区域扶贫脱贫步伐。

(十四) 加大贫困地区生态建设力度。加大对集中连片特殊困难地区和贫困县天然林资源保护、京津风沙源治理、退耕还林还草、退牧还草、农牧交错带已垦草原治理等重大生态工程支持力度。各地在分解中央下达的投资计划时，贫困县的生态建设投资规模和增幅要高于全省平均水平15%以上，新增退耕还林还草任务优先向贫困县倾斜。积极创新工程建设方式，鼓励工程区范围内的建档立卡贫困户投工投劳，提高贫困人口参与度和受益水平。

六、保障措施

(十五) 加大投入支持力度。综合考虑物价水平和地方自筹能力等因素，逐步提高贫困地区生态建设等项目的中央投资补助标准。对于在贫困地区安排的病险水库（水闸）除险加固、农村饮水、灌区配套改造、灌排泵站更新改造、中小河流治理、生态建设等公益性建设项目，取消县以下（含县）以及西部连片特困地区地市级配套资金。

(十六) 创新资金安排方式。逐步增加直接扶持到户资金规模，采取多种方式，使扶贫对象得到直接有效扶持。中央投资

支持的基础设施建设项目，确保扶贫对象优先受益，产业扶贫项目要建立健全带动贫困户脱贫增收的利益联接机制。鼓励贫困地区以县为平台，统筹各类涉农资金和社会帮扶资源，既要避免同领域资金的重复投入，也要加强相近领域资金的协同配合。

（十七）建立健全奖惩机制。坚持省负总责、县抓落实、层层落实工作责任。各地要及时总结支持贫困地区农林水利基础设施建设、推进扶贫攻坚的主要做法、经验和存在问题，定期向我委报告。我委将建立农口中央预算内投资安排与扶贫工作挂钩机制，将脱贫工作成效作为安排中央预算内投资和项目的重要依据。对工作成效好的省（区、市），适当增加下一年度农林水利投资规模。对工作重视不够的省（区、市），适当调减下一年度投资规模。

国家发展改革委

2016 年 3 月 11 日

跨省域补充耕地国家统筹管理办法

国务院办公厅关于印发跨省域补充耕地
国家统筹管理办法和城乡建设用地增减
挂钩节余指标跨省域调剂管理办法的通知

国办发〔2018〕16号

各省、自治区、直辖市人民政府，国务院各部委、各
直属机构：

《跨省域补充耕地国家统筹管理办法》和《城乡建
设用地增减挂钩节余指标跨省域调剂管理办法》已经
国务院同意，现印发给你们，请认真贯彻执行。

国务院办公厅

2018年3月10日

第一章 总 则

第一条 为规范有序实施跨省域补充耕地国家统筹，严守

耕地红线，根据《中华人民共和国土地管理法》和《中共中央 国务院关于加强耕地保护和改进占补平衡的意见》、《中共中央 国务院关于实施乡村振兴战略的意见》有关规定，制定本办法。

第二条 本办法所称跨省域补充耕地国家统筹，是指耕地后备资源严重匮乏的直辖市，占用耕地、新开垦耕地不足以补充所占耕地，或者资源环境条件严重约束、补充耕地能力严重不足的省，由于实施重大建设项目造成补充耕地缺口，经国务院批准，在耕地后备资源丰富省份落实补充耕地任务的行为。

第三条 跨省域补充耕地国家统筹应遵循以下原则：

（一）保护优先，严控占用。坚持耕地保护优先，强化土地利用规划计划管控，严格土地用途管制，从严控制建设占用耕地，促进土地节约集约利用。

（二）明确范围，确定规模。坚持耕地占补平衡县域自行平衡为主、省域内调剂为辅、国家适度统筹为补充，明确补充耕地国家统筹实施范围，合理控制补充耕地国家统筹实施规模。

（三）补足补优，严守红线。坚持耕地数量、质量、生态"三位一体"保护，以土地利用总体规划及相关规划为依据，以土地整治和高标准农田建设新增耕地为主要来源，先建成再调剂，确保统筹补充耕地数量不减少、质量不降低。

（四）加强统筹，调节收益。运用经济手段约束耕地占用，发挥经济发达地区和资源丰富地区资金资源互补优势，建立收益调节分配机制，助推脱贫攻坚和乡村振兴。

第四条 国土资源部负责跨省域补充耕地国家统筹管理，会同财政部、国家发展改革委、农业部等相关部门制定具体实施办法，进行监督考核；财政部会同国土资源部等相关部门负责制定资金使用管理办法；有关省级人民政府负责具体实施，筹措补充耕地资金或落实补充耕地任务。

第二章　申请补充耕地国家统筹

第五条　根据各地资源环境承载状况、耕地后备资源条件、土地整治和高标准农田建设新增耕地潜力等，分类实施补充耕地国家统筹。

（一）耕地后备资源严重匮乏的直辖市，由于城市发展和基础设施建设等占用耕地、新开垦耕地不足以补充所占耕地的，可申请国家统筹补充。

（二）资源环境条件严重约束、补充耕地能力严重不足的省，由于实施重大建设项目造成补充耕地缺口的，可申请国家统筹补充。重大建设项目原则上限于交通、能源、水利、军事国防等领域。

第六条　补充耕地国家统筹申请、批准按以下程序办理：

（一）由省、直辖市人民政府向国务院提出补充耕地国家统筹申请。其中，有关省根据实施重大建设项目需要和补充耕地能力，提出需国家统筹补充的耕地数量、水田规模和粮食产能，原则上每年申请一次，如有特殊需要可分次申请；直辖市根据建设占用耕地需要和补充耕地能力，提出需国家统筹补充的耕地数量、水田规模和粮食产能，每年申请一次。

（二）国土资源部组织对补充耕地国家统筹申请的评估论证，汇总有关情况并提出意见，会同财政部按程序报国务院批准。国土资源部、财政部在国务院批准之日起 30 个工作日内函复有关省、直辖市人民政府，明确国务院批准的国家统筹规模以及相应的跨省域补充耕地资金总额。

第七条 有关省、直辖市人民政府收到复函后，即可在国务院批准的国家统筹规模范围内，依照法定权限组织相应的建设用地报批。

建设用地报批时，用地单位应按规定标准足额缴纳耕地开垦费，补充耕地方案应说明耕地开垦费缴纳和使用国家统筹规模情况。

建设用地属于省级人民政府及以下审批权限的，使用国家统筹规模情况须随建设用地审批结果一并报国土资源部备案。

第八条 经国务院批准补充耕地由国家统筹的省、直辖市，应缴纳跨省域补充耕地资金。以占用的耕地类型确定基准价，以损失的耕地粮食产能确定产能价，以基准价和产能价之和乘以省份调节系数确定跨省域补充耕地资金收取标准。对国家重大公益性建设项目，可按规定适当降低收取标准。

（一）基准价每亩 10 万元，其中水田每亩 20 万元。

（二）产能价根据农用地分等定级成果对应的标准粮食产能确定，每亩每百公斤 2 万元。

（三）根据区域经济发展水平，将省份调节系数分为五档。

一档地区：北京、上海，调节系数为 2；

二档地区：天津、江苏、浙江、广东，调节系数为 1.5；

三档地区：辽宁、福建、山东，调节系数为 1；

四档地区：河北、山西、吉林、黑龙江、安徽、江西、河南、湖北、湖南、海南，调节系数为 0.8；

五档地区：重庆、四川、贵州、云南、陕西、甘肃、青海，调节系数为 0.5。

第九条 跨省域补充耕地资金总额纳入省级财政向中央财政的一般公共预算转移性支出，在中央财政和地方财政年终结算时上解中央财政。

第十条 跨省域补充耕地资金，全部用于巩固脱贫攻坚成果和支持实施乡村振兴战略。其中，一部分安排给承担国家统筹补充耕地任务的省份，优先用于高标准农田建设等补充耕地任务；其余部分由中央财政统一安排使用。

第三章 落实国家统筹补充耕地

第十一条 根据国务院批准的补充耕地国家统筹规模，在耕地后备资源丰富的省份，按照耕地数量、水田规模相等和粮食产能相当的原则落实补充耕地。

第十二条 在耕地保护责任目标考核期内，不申请补充耕地国家统筹的省份，可由省级人民政府向国务院申请承担国家统筹补充耕地任务。申请承担补充耕地任务的新增耕地，应为已验收并在全国农村土地整治监测监管系统中上图入库的土地整治和高标准农田建设项目新增耕地。

第十三条 国土资源部根据全国农村土地整治监测监管系统信息，对申请承担国家统筹补充耕地任务的新增耕地进行复核，如有必要，会同相关部门进行实地检查。国土资源部会同财政部等相关部门按照自然资源条件相对较好，优先考虑革命老区、民族地区、边疆地区、贫困地区和耕地保护成效突出地区的原则确定省份，认定可用于国家统筹补充耕地的新增耕地数量、水田规模和粮食产能。开展土地整治工程技术创新新增耕地，可作为专项支持，安排承担国家统筹补充耕地任务。

国土资源部会同财政部等相关部门确定承担国家统筹补充耕地任务省份和认定结果，按程序报国务院同意后，由国土资源部函告有关省份。经认定为承担国家统筹补充耕地任务的新增耕地，不得用于所在省份耕地占补平衡。

第十四条　根据认定的承担国家统筹补充耕地规模和相关经费标准，中央财政将国家统筹补充耕地经费预算下达承担国家统筹补充耕地任务的省份。有关省份收到国家统筹补充耕地经费后，按规定用途安排使用。

第十五条　国家统筹补充耕地经费标准根据补充耕地类型和粮食产能确定。补充耕地每亩 5 万元（其中水田每亩 10 万元），补充耕地标准粮食产能每亩每百公斤 1 万元，两项合计确定国家统筹补充耕地经费标准。

第四章　监管考核

第十六条　国土资源部建立跨省域补充耕地国家统筹信息管理平台，将补充耕地国家统筹规模申请与批准、建设项目占用、补充耕地落实等情况纳入平台管理。

第十七条　有关省级人民政府负责检查核实承担国家统筹补充耕地任务的新增耕地，确保数量真实、质量可靠；监督国家统筹补充耕地经费安排使用情况，严格新增耕地后期管护，发现存在问题要及时予以纠正。

国土资源部利用国土资源遥感监测"一张图"和综合监管平台等手段对国家统筹新增耕地进行监管。

第十八条 补充耕地国家统筹情况纳入有关省级人民政府耕地保护责任目标考核内容,按程序报国务院。

国土资源部做好国家统筹涉及省份耕地变化情况台账管理,在新一轮土地利用总体规划编制或实施期内适时按程序调整有关省份规划耕地保有量。

第十九条 国家土地督察机构在监督检查省级人民政府落实耕地保护主体责任情况时,结合督察工作将有关省份的国家统筹补充耕地实施情况纳入督察内容。

第五章 附 则

第二十条 财政部会同国土资源部根据补充耕地国家统筹实施情况适时调整跨省域补充耕地资金收取标准和国家统筹补充耕地经费标准。

第二十一条 本办法由国土资源部、财政部负责解释。

第二十二条 本办法自印发之日起施行,有效期至2022年12月31日。

中华人民共和国耕地占用税暂行条例

中华人民共和国耕地占用税暂行条例

中华人民共和国国务院令

第 511 号

现公布《中华人民共和国耕地占用税暂行条例》，自 2008 年 1 月 1 日起施行。

总理　温家宝

二〇〇七年十二月一日

第一条　为了合理利用土地资源，加强土地管理，保护耕地，制定本条例。

第二条　本条例所称耕地，是指用于种植农作物的土地。

第三条　占用耕地建房或者从事非农业建设的单位或者个

人，为耕地占用税的纳税人，应当依照本条例规定缴纳耕地占用税。

前款所称单位，包括国有企业、集体企业、私营企业、股份制企业、外商投资企业、外国企业以及其他企业和事业单位、社会团体、国家机关、部队以及其他单位；所称个人，包括个体工商户以及其他个人。

第四条 耕地占用税以纳税人实际占用的耕地面积为计税依据，按照规定的适用税额一次性征收。

第五条 耕地占用税的税额规定如下：

（一）人均耕地不超过 1 亩的地区（以县级行政区域为单位，下同），每平方米为 10 元至 50 元；

（二）人均耕地超过 1 亩但不超过 2 亩的地区，每平方米为 8 元至 40 元；

（三）人均耕地超过 2 亩但不超过 3 亩的地区，每平方米为 6 元至 30 元；

（四）人均耕地超过 3 亩的地区，每平方米为 5 元至 25 元。

国务院财政、税务主管部门根据人均耕地面积和经济发展情况确定各省、自治区、直辖市的平均税额。

各地适用税额，由省、自治区、直辖市人民政府在本条第一款规定的税额幅度内，根据本地区情况核定。各省、自治区、直辖市人民政府核定的适用税额的平均水平，不得低于本条第二款规定的平均税额。

第六条 经济特区、经济技术开发区和经济发达且人均耕地特别少的地区，适用税额可以适当提高，但是提高的部分最高不得超过本条例第五条第三款规定的当地适用税额的 50%。

第七条 占用基本农田的，适用税额应当在本条例第五条第三款、第六条规定的当地适用税额的基础上提高50%。

第八条 下列情形免征耕地占用税：

（一）军事设施占用耕地；

（二）学校、幼儿园、养老院、医院占用耕地。

第九条 铁路线路、公路线路、飞机场跑道、停机坪、港口、航道占用耕地，减按每平方米2元的税额征收耕地占用税。

根据实际需要，国务院财政、税务主管部门商国务院有关部门并报国务院批准后，可以对前款规定的情形免征或者减征耕地占用税。

第十条 农村居民占用耕地新建住宅，按照当地适用税额减半征收耕地占用税。

农村烈士家属、残疾军人、鳏寡孤独以及革命老根据地、少数民族聚居区和边远贫困山区生活困难的农村居民，在规定用地标准以内新建住宅缴纳耕地占用税确有困难的，经所在地乡（镇）人民政府审核，报经县级人民政府批准后，可以免征或者减征耕地占用税。

第十一条 依照本条例第八条、第九条规定免征或者减征耕地占用税后，纳税人改变原占地用途，不再属于免征或者减征耕地占用税情形的，应当按照当地适用税额补缴耕地占用税。

第十二条 耕地占用税由地方税务机关负责征收。

土地管理部门在通知单位或者个人办理占用耕地手续时，应当同时通知耕地所在地同级地方税务机关。获准占用耕地的单位或者个人应当在收到土地管理部门的通知之日起30日内缴纳耕地占用税。土地管理部门凭耕地占用税完税凭证或者免税凭证和其他有关文件发放建设用地批准书。

第十三条 纳税人临时占用耕地，应当依照本条例的规定缴纳耕地占用税。纳税人在批准临时占用耕地的期限内恢复所占用耕地原状的，全额退还已经缴纳的耕地占用税。

第十四条 占用林地、牧草地、农田水利用地、养殖水面以及渔业水域滩涂等其他农用地建房或者从事非农业建设的，比照本条例的规定征收耕地占用税。

建设直接为农业生产服务的生产设施占用前款规定的农用地的，不征收耕地占用税。

第十五条 耕地占用税的征收管理，依照《中华人民共和国税收征收管理法》和本条例有关规定执行。

第十六条 本条例自 2008 年 1 月 1 日起施行。1987 年 4 月 1 日国务院发布的《中华人民共和国耕地占用税暂行条例》同时废止。

中华人民共和国耕地占用税
暂行条例实施细则

中华人民共和国财政部
国家税务总局令
第49号

《中华人民共和国耕地占用税暂行条例实施细则》经财政部、国家税务总局审议通过，现予公布，自公布之日起实施。

财政部部长
国家税务总局局长
二〇〇八年二月二十六日

第一条　根据《中华人民共和国耕地占用税暂行条例》（以下简称条例），制定本细则。

第二条　条例所称建房，包括建设建筑物和构筑物。

农田水利占用耕地的，不征收耕地占用税。

第三条　占用园地建房或者从事非农业建设的，视同占用耕地征收耕地占用税。

第四条　经申请批准占用耕地的，纳税人为农用地转用审批文件中标明的建设用地人；农用地转用审批文件中未标明建设用地人的，纳税人为用地申请人。

未经批准占用耕地的，纳税人为实际用地人。

第五条 条例第四条所称实际占用的耕地面积，包括经批准占用的耕地面积和未经批准占用的耕地面积。

第六条 各省、自治区、直辖市耕地占用税的平均税额，按照本细则所附的《各省、自治区、直辖市耕地占用税平均税额表》执行。

县级行政区域的适用税额，按照条例、本细则和各省、自治区、直辖市人民政府的规定执行。

第七条 条例第七条所称基本农田，是指依据《基本农田保护条例》划定的基本农田保护区范围内的耕地。

第八条 条例第八条规定免税的军事设施，具体范围包括：

（一）地上、地下的军事指挥、作战工程；

（二）军用机场、港口、码头；

（三）营区、训练场、试验场；

（四）军用洞库、仓库；

（五）军用通信、侦察、导航、观测台站和测量、导航、助航标志；

（六）军用公路、铁路专用线，军用通讯、输电线路，军用输油、输水管道；

（七）其他直接用于军事用途的设施。

第九条 条例第八条规定免税的学校，具体范围包括县级以上人民政府教育行政部门批准成立的大学、中学、小学、学历性职业教育学校以及特殊教育学校。

学校内经营性场所和教职工住房占用耕地的，按照当地适用税额缴纳耕地占用税。

第十条 条例第八条规定免税的幼儿园，具体范围限于县级以上人民政府教育行政部门登记注册或者备案的幼儿园内专门用于幼儿保育、教育的场所。

第十一条 条例第八条规定免税的养老院，具体范围限于经批准设立的养老院内专门为老年人提供生活照顾的场所。

第十二条 条例第八条规定免税的医院，具体范围限于县级以上人民政府卫生行政部门批准设立的医院内专门用于提供医护服务的场所及其配套设施。

医院内职工住房占用耕地的，按照当地适用税额缴纳耕地占用税。

第十三条 条例第九条规定减税的铁路线路，具体范围限于铁路路基、桥梁、涵洞、隧道及其按照规定两侧留地。

专用铁路和铁路专用线占用耕地的，按照当地适用税额缴纳耕地占用税。

第十四条 条例第九条规定减税的公路线路，具体范围限于经批准建设的国道、省道、县道、乡道和属于农村公路的村道的主体工程以及两侧边沟或者截水沟。

专用公路和城区内机动车道占用耕地的，按照当地适用税额缴纳耕地占用税。

第十五条 条例第九条规定减税的飞机场跑道、停机坪，具体范围限于经批准建设的民用机场专门用于民用航空器起降、滑行、停放的场所。

第十六条 条例第九条规定减税的港口，具体范围限于经批准建设的港口内供船舶进出、停靠以及旅客上下、货物装卸的场所。

第十七条 条例第九条规定减税的航道，具体范围限于在江、河、湖泊、港湾等水域内供船舶安全航行的通道。

第十八条 条例第十条规定减税的农村居民占用耕地新建住宅，是指农村居民经批准在户口所在地按照规定标准占用耕地建设自用住宅。

农村居民经批准搬迁，原宅基地恢复耕种，凡新建住宅占用耕地不超过原宅基地面积的，不征收耕地占用税；超过原宅基地面积的，对超过部分按照当地适用税额减半征收耕地占用税。

第十九条 条例第十条所称农村烈士家属，包括农村烈士的父母、配偶和子女。

第二十条 条例第十条所称革命老根据地、少数民族聚居地区和边远贫困山区生活困难的农村居民，其标准按照各省、自治区、直辖市人民政府有关规定执行。

第二十一条 根据条例第十一条的规定，纳税人改变占地用途，不再属于免税或减税情形的，应自改变用途之日起 30 日内按改变用途的实际占用耕地面积和当地适用税额补缴税款。

第二十二条 条例第十三条所称临时占用耕地，是指纳税人因建设项目施工、地质勘查等需要，在一般不超过 2 年内临时使用耕地并且没有修建永久性建筑物的行为。

第二十三条 因污染、取土、采矿塌陷等损毁耕地的，比照条例第十三条规定的临时占用耕地的情况，由造成损毁的单位或者个人缴纳耕地占用税。超过 2 年未恢复耕地原状的，已征税款不予退还。

第二十四条 条例第十四条所称林地，包括有林地、灌木林地、疏林地、未成林地、迹地、苗圃等，不包括居民点内部的绿化林木用地，铁路、公路征地范围内的林木用地，以及河流、沟渠的护堤林用地。

第二十五条 条例第十四条所称牧草地，包括天然牧草地、人工牧草地。

第二十六条 条例第十四条所称农田水利用地，包括农田排灌沟渠及相应附属设施用地。

第二十七条 条例第十四条所称养殖水面，包括人工开挖或者天然形成的用于水产养殖的河流水面、湖泊水面、水库水面、坑塘水面及相应附属设施用地。

第二十八条 条例第十四条所称渔业水域滩涂，包括专门用于种植或者养殖水生动植物的海水潮浸地带和滩地。

第二十九条 占用林地、牧草地、农田水利用地、养殖水面以及渔业水域滩涂等其他农用地建房或者从事非农业建设的，适用税额可以适当低于当地占用耕地的适用税额，具体适用税额按照各省、自治区、直辖市人民政府的规定执行。

第三十条 条例第十四条所称直接为农业生产服务的生产设施，是指直接为农业生产服务而建设的建筑物和构筑物。具体包括：储存农用机具和种子、苗木、木材等农业产品的仓储设施；培育、生产种子、种苗的设施；畜禽养殖设施；木材集材道、运材道；农业科研、试验、示范基地；野生动植物保护、护林、森林病虫害防治、森林防火、木材检疫的设施；专为农业生产服务的灌溉排水、供水、供电、供热、供气、通讯基础设施；农业生产者从事农业生产必需的食宿和管理设施；其他直接为农业生产服务的生产设施。

第三十一条　经批准占用耕地的，耕地占用税纳税义务发生时间为纳税人收到土地管理部门办理占用农用地手续通知的当天。

未经批准占用耕地的，耕地占用税纳税义务发生时间为纳税人实际占用耕地的当天。

第三十二条　纳税人占用耕地或其他农用地，应当在耕地或其他农用地所在地申报纳税。

第三十三条　各省、自治区、直辖市人民政府财政、税务主管部门应当将本省、自治区、直辖市人民政府制定的耕地占用税具体实施办法报送财政部和国家税务总局。

第三十四条　本细则自公布之日起实施。

附表：

各省、自治区、直辖市耕地占用税平均税额表

地区	每平方米平均税额（元）
上海	45
北京	40
天津	35
江苏、浙江、福建、广东	30
辽宁、湖北、湖南	25
河北、安徽、江西、山东、河南、重庆、四川	22.5
广西、海南、贵州、云南、陕西	20
山西、吉林、黑龙江	17.5
内蒙古、西藏、甘肃、青海、宁夏、新疆	12.5

全国普法学习读本

★ ★ ★ ★ ★

农村发展法律法规读本

农田水土法律法规学习读本

水土保持法律法规

李勇 主编

加大全民普法力度，建设社会主义法治文化，树立宪法法律至上、法律面前人人平等的法治理念。

——中国共产党第十九次全国代表大会《决胜全面建成小康社会 夺取新时代中国特色社会主义伟大胜利》

汕头大学出版社

图书在版编目（CIP）数据

水土保持法律法规／李勇主编. -- 汕头：汕头大学出版社（2021.7 重印）

（农田水土法律法规学习读本）

ISBN 978-7-5658-3673-2

Ⅰ.①水… Ⅱ.①李… Ⅲ.①水土保持-土地管理法-基本知识-中国 Ⅳ.①D922.324

中国版本图书馆 CIP 数据核字（2018）第 143154 号

水土保持法律法规　　　　　SHUITU BAOCHI FALÜ FAGUI

主　　编：李　勇

责任编辑：邹　峰

责任技编：黄东生

封面设计：大华文苑

出版发行：汕头大学出版社

　　　　　广东省汕头市大学路 243 号汕头大学校园内　邮政编码：515063

电　　话：0754-82904613

印　　刷：三河市南阳印刷有限公司

开　　本：690mm×960mm 1/16

印　　张：18

字　　数：226 千字

版　　次：2018 年 7 月第 1 版

印　　次：2021 年 7 月第 2 次印刷

定　　价：59.60 元（全 2 册）

ISBN 978-7-5658-3673-2

前　言

习近平总书记指出："推进全民守法，必须着力增强全民法治观念。要坚持把全民普法和守法作为依法治国的长期基础性工作，采取有力措施加强法制宣传教育。要坚持法治教育从娃娃抓起，把法治教育纳入国民教育体系和精神文明创建内容，由易到难、循序渐进不断增强青少年的规则意识。要健全公民和组织守法信用记录，完善守法诚信褒奖机制和违法失信行为惩戒机制，形成守法光荣、违法可耻的社会氛围，使遵法守法成为全体人民共同追求和自觉行动。"

中共中央、国务院曾经转发了中央宣传部、司法部关于在公民中开展法治宣传教育的规划，并发出通知，要求各地区各部门结合实际认真贯彻执行。通知指出，全民普法和守法是依法治国的长期基础性工作。深入开展法治宣传教育，是全面建成小康社会和新农村的重要保障。

普法规划指出：各地区各部门要根据实际需要，从不同群体的特点出发，因地制宜开展有特色的法治宣传教育坚持集中法治宣传教育与经常性法治宣传教育相结合，深化法律进机关、进乡村、进社区、进学校、进企业、进单位的"法律六进"主题活动，完善工作标准，建立长效机制。

特别是农业、农村和农民问题，始终是关系党和人民事业发展的全局性和根本性问题。党中央、国务院发布的《关于推进社会主义新农村建设的若干意见》中明确提出要"加强农村法制建设，深入开展农村普法教育，增强农民的法制观念，提高农民依法行使权利和履行义务的自觉性。"多年普法实践证明，普及法律知识，提高法制观念，增强全社会依法办事意识具有重要作用。特别是在广大农村进行普法教育，是提高全民法律素质的需要。

多年来，我国在农村实行的改革开放取得了极大成功，农村发生了翻天覆地的变化，广大农民生活水平大大得到了提高。但是，由于历史和社会等原因，现阶段我国一些地区农民文化素质还不高，不学法、不懂法、不守法现象虽然较原来有所改变，但仍有相当一部分群众的法制观念仍很淡化，不懂、不愿借助法律来保护自身权益，这就极易受到不法的侵害，或极易进行违法犯罪活动，严重阻碍了全面建成小康社会和新农村步伐。

为此，根据党和政府的指示精神以及普法规划，特别是根据广大农村农民的现状，在有关部门和专家的指导下，特别编辑了这套《全国普法学习读本》。主要包括了广大人民群众应知应懂、实际实用的法律法规。为了辅导学习，附录还收入了相应法律法规的条例准则、实施细则、解读解答、案例分析等；同时为了突出法律法规的实际实用特点，兼顾地方性和特殊性，附录还收入了部分某些地方性法律法规以及非法律法规的政策文件、管理制度、应用表格等内容，拓展了本书的知识范围，使法律法规更"接地气"，便于读者学习掌握和实际应用。

在众多法律法规中，我们通过甄别，淘汰了废止的，精选了最新的、权威的和全面的。但有部分法律法规有些条款不适应当下情况了，却没有颁布新的，我们又不能擅自改动，只得保留原有条款，但附录却有相应的补充修改意见或通知等。众多法律法规根据不同内容和受众特点，经过归类组合，优化配套。整套普法读本非常全面系统，具有很强的学习性、实用性和指导性，非常适合用于广大农村和城乡普法学习教育与实践指导。总之，是全国全民普法的良好读本。

目　录

中华人民共和国水土保持法

第一章　总　则 …………………………………………（2）

第二章　规　划 …………………………………………（3）

第三章　预　防 …………………………………………（4）

第四章　治　理 …………………………………………（7）

第五章　监测和监督 ……………………………………（10）

第六章　法律责任 ………………………………………（12）

第七章　附　则 …………………………………………（14）

中华人民共和国水土保持法实施条例

第一章　总　则 …………………………………………（16）

第二章　预　防 …………………………………………（17）

第三章　治　理 …………………………………………（18）

第四章　监　督 …………………………………………（19）

第五章　法律责任 ………………………………………（20）

第六章　附　则 …………………………………………（21）

附　录

　全国水土保持规划（2015—2030 年） ………………（22）

　全国水土保持科技发展规划纲要 ……………………（67）

　鼓励和引导民间资本参与水土保持工程建设实施细则……（89）

水土保持补偿费征收使用管理办法 …………………………（94）

开发建设项目水土保持设施验收管理办法 …………………（101）

农田水利设施建设和水土保持补助资金使用管理办法 …（105）

水土保持重点工程农民投劳管理暂行规定 …………………（110）

水土保持生态环境监测网络管理办法

第一章　总　　则 ……………………………………………（114）

第二章　监测站网的建设 ……………………………………（116）

第三章　监测机构职责 ………………………………………（117）

第四章　监测数据和成果的管理 ……………………………（118）

第五章　附　　则 ……………………………………………（119）

附　录

全国水土保持监测网络和信息系统建设项目管理办法 …（120）

中央财政小型农田水利设施建设和国家水土 保持重点建设工程补助专项资金管理办法

第一章　总　　则 ……………………………………………（127）

第二章　小农水专项资金使用管理 …………………………（128）

第三章　水土保持专项资金使用管理 ………………………（134）

第四章　资金监督检查 ………………………………………（136）

第五章　附　　则 ……………………………………………（138）

中华人民共和国水土保持法

中华人民共和国主席令

第三十九号

《中华人民共和国水土保持法》已由中华人民共和国第十一届全国人民代表大会常务委员会第十八次会议于 2010 年 12 月 25 日修订通过，现将修订后的《中华人民共和国水土保持法》公布，自 2011 年 3 月 1 日起施行。

中华人民共和国主席　胡锦涛

2010 年 12 月 25 日

（1991 年 6 月 29 日第七届全国人民代表大会常务委员会第二十次会议通过；根据 2010 年 12 月 25 日第十一届全国人民代表大会常务委员会第十八次会议修订）

第一章 总 则

第一条　为了预防和治理水土流失，保护和合理利用水土资源，减轻水、旱、风沙灾害，改善生态环境，保障经济社会可持续发展，制定本法。

第二条　在中华人民共和国境内从事水土保持活动，应当遵守本法。

本法所称水土保持，是指对自然因素和人为活动造成水土流失所采取的预防和治理措施。

第三条　水土保持工作实行预防为主、保护优先、全面规划、综合治理、因地制宜、突出重点、科学管理、注重效益的方针。

第四条　县级以上人民政府应当加强对水土保持工作的统一领导，将水土保持工作纳入本级国民经济和社会发展规划，对水土保持规划确定的任务，安排专项资金，并组织实施。

国家在水土流失重点预防区和重点治理区，实行地方各级人民政府水土保持目标责任制和考核奖惩制度。

第五条　国务院水行政主管部门主管全国的水土保持工作。

国务院水行政主管部门在国家确定的重要江河、湖泊设立的流域管理机构（以下简称流域管理机构），在所管辖范围内依法承担水土保持监督管理职责。

县级以上地方人民政府水行政主管部门主管本行政区域的水土保持工作。

县级以上人民政府林业、农业、国土资源等有关部门按照各自职责，做好有关的水土流失预防和治理工作。

第六条 各级人民政府及其有关部门应当加强水土保持宣传和教育工作，普及水土保持科学知识，增强公众的水土保持意识。

第七条 国家鼓励和支持水土保持科学技术研究，提高水土保持科学技术水平，推广先进的水土保持技术，培养水土保持科学技术人才。

第八条 任何单位和个人都有保护水土资源、预防和治理水土流失的义务，并有权对破坏水土资源、造成水土流失的行为进行举报。

第九条 国家鼓励和支持社会力量参与水土保持工作。

对水土保持工作中成绩显著的单位和个人，由县级以上人民政府给予表彰和奖励。

第二章 规 划

第十条 水土保持规划应当在水土流失调查结果及水土流失重点预防区和重点治理区划定的基础上，遵循统筹协调、分类指导的原则编制。

第十一条 国务院水行政主管部门应当定期组织全国水土流失调查并公告调查结果。

省、自治区、直辖市人民政府水行政主管部门负责本行政区域的水土流失调查并公告调查结果，公告前应当将调查结果报国务院水行政主管部门备案。

第十二条 县级以上人民政府应当依据水土流失调查结果划定并公告水土流失重点预防区和重点治理区。

对水土流失潜在危险较大的区域，应当划定为水土流失重点预防区；对水土流失严重的区域，应当划定为水土流失重点治理区。

第十三条 水土保持规划的内容应当包括水土流失状况、水土流失类型区划分、水土流失防治目标、任务和措施等。

水土保持规划包括对流域或者区域预防和治理水土流失、保护和合理利用水土资源作出的整体部署，以及根据整体部署对水土保持专项工作或者特定区域预防和治理水土流失作出的专项部署。

水土保持规划应当与土地利用总体规划、水资源规划、城乡规划和环境保护规划等相协调。

编制水土保持规划，应当征求专家和公众的意见。

第十四条 县级以上人民政府水行政主管部门会同同级人民政府有关部门编制水土保持规划，报本级人民政府或者其授权的部门批准后，由水行政主管部门组织实施。

水土保持规划一经批准，应当严格执行；经批准的规划根据实际情况需要修改的，应当按照规划编制程序报原批准机关批准。

第十五条 有关基础设施建设、矿产资源开发、城镇建设、公共服务设施建设等方面的规划，在实施过程中可能造成水土流失的，规划的组织编制机关应当在规划中提出水土流失预防和治理的对策和措施，并在规划报请审批前征求本级人民政府水行政主管部门的意见。

第三章 预 防

第十六条 地方各级人民政府应当按照水土保持规划，采取封育保护、自然修复等措施，组织单位和个人植树种草，扩大林草覆盖面积，涵养水源，预防和减轻水土流失。

第十七条 地方各级人民政府应当加强对取土、挖砂、采石等活动的管理，预防和减轻水土流失。

禁止在崩塌、滑坡危险区和泥石流易发区从事取土、挖砂、采石等可能造成水土流失的活动。崩塌、滑坡危险区和泥石流易发区的范围，由县级以上地方人民政府划定并公告。崩塌、滑坡危险区和泥石流易发区的划定，应当与地质灾害防治规划确定的地质灾害易发区、重点防治区相衔接。

第十八条 水土流失严重、生态脆弱的地区，应当限制或者禁止可能造成水土流失的生产建设活动，严格保护植物、沙壳、结皮、地衣等。

在侵蚀沟的沟坡和沟岸、河流的两岸以及湖泊和水库的周边，土地所有权人、使用权人或者有关管理单位应当营造植物保护带。禁止开垦、开发植物保护带。

第十九条 水土保持设施的所有权人或者使用权人应当加强对水土保持设施的管理与维护，落实管护责任，保障其功能正常发挥。

第二十条 禁止在二十五度以上陡坡地开垦种植农作物。在二十五度以上陡坡地种植经济林的，应当科学选择树种，合理确定规模，采取水土保持措施，防止造成水土流失。

省、自治区、直辖市根据本行政区域的实际情况，可以规定小于二十五度的禁止开垦坡度。禁止开垦的陡坡地的范围由当地县级人民政府划定并公告。

第二十一条 禁止毁林、毁草开垦和采集发菜。禁止在水土流失重点预防区和重点治理区铲草皮、挖树兜或者滥挖虫草、甘草、麻黄等。

第二十二条 林木采伐应当采用合理方式，严格控制皆伐；对水源涵养林、水土保持林、防风固沙林等防护林只能进行抚育和更新性质的采伐；对采伐区和集材道应当采取防止水土流失的措施，并在采伐后及时更新造林。

在林区采伐林木的，采伐方案中应当有水土保持措施。采伐方案经林业主管部门批准后，由林业主管部门和水行政主管部门监督实施。

第二十三条 在五度以上坡地植树造林、抚育幼林、种植中药材等，应当采取水土保持措施。

在禁止开垦坡度以下、五度以上的荒坡地开垦种植农作物，应当采取水土保持措施。具体办法由省、自治区、直辖市根据本行政区域的实际情况规定。

第二十四条 生产建设项目选址、选线应当避让水土流失重点预防区和重点治理区；无法避让的，应当提高防治标准，优化施工工艺，减少地表扰动和植被损坏范围，有效控制可能造成的水土流失。

第二十五条 在山区、丘陵区、风沙区以及水土保持规划确定的容易发生水土流失的其他区域开办可能造成水土流失的生产建设项目，生产建设单位应当编制水土保持方案，报县级以上人民政府水行政主管部门审批，并按照经批准的水土保持方案，采取水土流失预防和治理措施。没有能力编制水土保持方案的，应当委托具备相应技术条件的机构编制。

水土保持方案应当包括水土流失预防和治理的范围、目标、措施和投资等内容。

水土保持方案经批准后，生产建设项目的地点、规模发生重大变化的，应当补充或者修改水土保持方案并报原审批机关批准。水土保持方案实施过程中，水土保持措施需要作出重大变更的，应当经原审批机关批准。

生产建设项目水土保持方案的编制和审批办法，由国务院水行政主管部门制定。

第二十六条　依法应当编制水土保持方案的生产建设项目，生产建设单位未编制水土保持方案或者水土保持方案未经水行政主管部门批准的，生产建设项目不得开工建设。

第二十七条　依法应当编制水土保持方案的生产建设项目中的水土保持设施，应当与主体工程同时设计、同时施工、同时投产使用；生产建设项目竣工验收，应当验收水土保持设施；水土保持设施未经验收或者验收不合格的，生产建设项目不得投产使用。

第二十八条　依法应当编制水土保持方案的生产建设项目，其生产建设活动中排弃的砂、石、土、矸石、尾矿、废渣等应当综合利用；不能综合利用，确需废弃的，应当堆放在水土保持方案确定的专门存放地，并采取措施保证不产生新的危害。

第二十九条　县级以上人民政府水行政主管部门、流域管理机构，应当对生产建设项目水土保持方案的实施情况进行跟踪检查，发现问题及时处理。

第四章　治　理

第三十条　国家加强水土流失重点预防区和重点治理区的坡

耕地改梯田、淤地坝等水土保持重点工程建设，加大生态修复力度。

县级以上人民政府水行政主管部门应当加强对水土保持重点工程的建设管理，建立和完善运行管护制度。

第三十一条　国家加强江河源头区、饮用水水源保护区和水源涵养区水土流失的预防和治理工作，多渠道筹集资金，将水土保持生态效益补偿纳入国家建立的生态效益补偿制度。

第三十二条　开办生产建设项目或者从事其他生产建设活动造成水土流失的，应当进行治理。

在山区、丘陵区、风沙区以及水土保持规划确定的容易发生水土流失的其他区域开办生产建设项目或者从事其他生产建设活动，损坏水土保持设施、地貌植被，不能恢复原有水土保持功能的，应当缴纳水土保持补偿费，专项用于水土流失预防和治理。专项水土流失预防和治理由水行政主管部门负责组织实施。水土保持补偿费的收取使用管理办法由国务院财政部门、国务院价格主管部门会同国务院水行政主管部门制定。

生产建设项目在建设过程中和生产过程中发生的水土保持费用，按照国家统一的财务会计制度处理。

第三十三条　国家鼓励单位和个人按照水土保持规划参与水土流失治理，并在资金、技术、税收等方面予以扶持。

第三十四条　国家鼓励和支持承包治理荒山、荒沟、荒丘、荒滩，防治水土流失，保护和改善生态环境，促进土地资源的合理开发和可持续利用，并依法保护土地承包合同当事人的合法权益。

承包治理荒山、荒沟、荒丘、荒滩和承包水土流失严重地区农村土地的，在依法签订的土地承包合同中应当包括预防和治理水土流失责任的内容。

第三十五条 在水力侵蚀地区，地方各级人民政府及其有关部门应当组织单位和个人，以天然沟壑及其两侧山坡地形成的小流域为单元，因地制宜地采取工程措施、植物措施和保护性耕作等措施，进行坡耕地和沟道水土流失综合治理。

在风力侵蚀地区，地方各级人民政府及其有关部门应当组织单位和个人，因地制宜地采取轮封轮牧、植树种草、设置人工沙障和网格林带等措施，建立防风固沙防护体系。

在重力侵蚀地区，地方各级人民政府及其有关部门应当组织单位和个人，采取监测、径流排导、削坡减载、支挡固坡、修建拦挡工程等措施，建立监测、预报、预警体系。

第三十六条 在饮用水水源保护区，地方各级人民政府及其有关部门应当组织单位和个人，采取预防保护、自然修复和综合治理措施，配套建设植物过滤带，积极推广沼气，开展清洁小流域建设，严格控制化肥和农药的使用，减少水土流失引起的面源污染，保护饮用水水源。

第三十七条 已在禁止开垦的陡坡地上开垦种植农作物的，应当按照国家有关规定退耕，植树种草；耕地短缺、退耕确有困难的，应当修建梯田或者采取其他水土保持措施。

在禁止开垦坡度以下的坡耕地上开垦种植农作物的，应当根据不同情况，采取修建梯田、坡面水系整治、蓄水保土耕作或者退耕等措施。

第三十八条 对生产建设活动所占用土地的地表土应当进行分层剥离、保存和利用，做到土石方挖填平衡，减少地表扰动范围；对废弃的砂、石、土、矸石、尾矿、废渣等存放地，应当采取拦挡、坡面防护、防洪排导等措施。生产建设活动结束后，应当及时在取土场、开挖面和存放地的裸露土地上植树种草、恢复植被，对闭库的尾矿库进行复垦。

在干旱缺水地区从事生产建设活动，应当采取防止风力侵蚀措施，设置降水蓄渗设施，充分利用降水资源。

第三十九条　国家鼓励和支持在山区、丘陵区、风沙区以及容易发生水土流失的其他区域，采取下列有利于水土保持的措施：

（一）免耕、等高耕作、轮耕轮作、草田轮作、间作套种等；

（二）封禁抚育、轮封轮牧、舍饲圈养；

（三）发展沼气、节柴灶，利用太阳能、风能和水能，以煤、电、气代替薪柴等；

（四）从生态脆弱地区向外移民；

（五）其他有利于水土保持的措施。

第五章　监测和监督

第四十条　县级以上人民政府水行政主管部门应当加强水土保持监测工作，发挥水土保持监测工作在政府决策、经济社会发展和社会公众服务中的作用。县级以上人民政府应当保障水土保持监测工作经费。

国务院水行政主管部门应当完善全国水土保持监测网络，对全国水土流失进行动态监测。

第四十一条　对可能造成严重水土流失的大中型生产建设项目，生产建设单位应当自行或者委托具备水土保持监测资质的机构，对生产建设活动造成的水土流失进行监测，并将监测情况定期上报当地水行政主管部门。

从事水土保持监测活动应当遵守国家有关技术标准、规范和规程，保证监测质量。

第四十二条　国务院水行政主管部门和省、自治区、直辖市人民政府水行政主管部门应当根据水土保持监测情况，定期对下列事项进行公告：

（一）水土流失类型、面积、强度、分布状况和变化趋势；

（二）水土流失造成的危害；

（三）水土流失预防和治理情况。

第四十三条　县级以上人民政府水行政主管部门负责对水土保持情况进行监督检查。流域管理机构在其管辖范围内可以行使国务院水行政主管部门的监督检查职权。

第四十四条　水政监督检查人员依法履行监督检查职责时，有权采取下列措施：

（一）要求被检查单位或者个人提供有关文件、证照、资料；

（二）要求被检查单位或者个人就预防和治理水土流失的有关情况作出说明；

（三）进入现场进行调查、取证。

被检查单位或者个人拒不停止违法行为，造成严重水土流失的，报经水行政主管部门批准，可以查封、扣押实施违法行为的工具及施工机械、设备等。

第四十五条　水政监督检查人员依法履行监督检查职责时，应当出示执法证件。被检查单位或者个人对水土保持监督检查工作应当给予配合，如实报告情况，提供有关文件、证照、资料；

不得拒绝或者阻碍水政监督检查人员依法执行公务。

第四十六条　不同行政区域之间发生水土流失纠纷应当协商解决；协商不成的，由共同的上一级人民政府裁决。

第六章　法律责任

第四十七条　水行政主管部门或者其他依照本法规定行使监督管理权的部门，不依法作出行政许可决定或者办理批准文件的，发现违法行为或者接到对违法行为的举报不予查处的，或者有其他未依照本法规定履行职责的行为的，对直接负责的主管人员和其他直接责任人员依法给予处分。

第四十八条　违反本法规定，在崩塌、滑坡危险区或者泥石流易发区从事取土、挖砂、采石等可能造成水土流失的活动的，由县级以上地方人民政府水行政主管部门责令停止违法行为，没收违法所得，对个人处一千元以上一万元以下的罚款，对单位处二万元以上二十万元以下的罚款。

第四十九条　违反本法规定，在禁止开垦坡度以上陡坡地开垦种植农作物，或者在禁止开垦、开发的植物保护带内开垦、开发的，由县级以上地方人民政府水行政主管部门责令停止违法行为，采取退耕、恢复植被等补救措施；按照开垦或者开发面积，可以对个人处每平方米二元以下的罚款、对单位处每平方米十元以下的罚款。

第五十条　违反本法规定，毁林、毁草开垦的，依照《中华人民共和国森林法》、《中华人民共和国草原法》的有关规定处罚。

第五十一条　违反本法规定，采集发菜，或者在水土流失重点预防区和重点治理区铲草皮、挖树兜、滥挖虫草、甘草、麻黄等的，由县级以上地方人民政府水行政主管部门责令停止违法行为，采取补救措施，没收违法所得，并处违法所得一倍以上五倍以下的罚款；没有违法所得的，可以处五万元以下的罚款。

在草原地区有前款规定违法行为的，依照《中华人民共和国草原法》的有关规定处罚。

第五十二条 在林区采伐林木不依法采取防止水土流失措施的，由县级以上地方人民政府林业主管部门、水行政主管部门责令限期改正，采取补救措施；造成水土流失的，由水行政主管部门按照造成水土流失的面积处每平方米二元以上十元以下的罚款。

第五十三条 违反本法规定，有下列行为之一的，由县级以上人民政府水行政主管部门责令停止违法行为，限期补办手续；逾期不补办手续的，处五万元以上五十万元以下的罚款；对生产建设单位直接负责的主管人员和其他直接责任人员依法给予处分：

（一）依法应当编制水土保持方案的生产建设项目，未编制水土保持方案或者编制的水土保持方案未经批准而开工建设的；

（二）生产建设项目的地点、规模发生重大变化，未补充、修改水土保持方案或者补充、修改的水土保持方案未经原审批机关批准的；

（三）水土保持方案实施过程中，未经原审批机关批准，对水土保持措施作出重大变更的。

第五十四条 违反本法规定，水土保持设施未经验收或者验收不合格将生产建设项目投产使用的，由县级以上人民政府水行政主管部门责令停止生产或者使用，直至验收合格，并处五万元以上五十万元以下的罚款。

第五十五条 违反本法规定,在水土保持方案确定的专门存放地以外的区域倾倒砂、石、土、矸石、尾矿、废渣等的,由县级以上地方人民政府水行政主管部门责令停止违法行为,限期清理,按照倾倒数量处每立方米十元以上二十元以下的罚款;逾期仍不清理的,县级以上地方人民政府水行政主管部门可以指定有清理能力的单位代为清理,所需费用由违法行为人承担。

第五十六条 违反本法规定,开办生产建设项目或者从事其他生产建设活动造成水土流失,不进行治理的,由县级以上人民政府水行政主管部门责令限期治理;逾期仍不治理的,县级以上人民政府水行政主管部门可以指定有治理能力的单位代为治理,所需费用由违法行为人承担。

第五十七条 违反本法规定,拒不缴纳水土保持补偿费的,由县级以上人民政府水行政主管部门责令限期缴纳;逾期不缴纳的,自滞纳之日起按日加收滞纳部分万分之五的滞纳金,可以处应缴水土保持补偿费三倍以下的罚款。

第五十八条 违反本法规定,造成水土流失危害的,依法承担民事责任;构成违反治安管理行为的,由公安机关依法给予治安管理处罚;构成犯罪的,依法追究刑事责任。

第七章 附 则

第五十九条 县级以上地方人民政府根据当地实际情况确定的负责水土保持工作的机构,行使本法规定的水行政主管部门水土保持工作的职责。

第六十条 本法自 2011 年 3 月 1 日起施行。

中华人民共和国水土保持法
实施条例

中华人民共和国国务院令

第 588 号

《国务院关于废止和修改部分行政法规的决定》已经
2010 年 12 月 29 日国务院第 138 次常务会议通过，现予
公布，自公布之日起施行。

总理　温家宝

2011 年 01 月 08 日

（1993 年 8 月 1 日中华人民共和国国务院令第 120 号
发布；根据 2010 年 12 月 29 日国务院第 138 次常务会议
通过的《国务院关于废止和修改部分行政法规的决定》
修正）

第一章 总 则

第一条 根据《中华人民共和国水土保持法》（以下简称《水土保持法》）的规定，制定本条例。

第二条 一切单位和个人都有权对有下列破坏水土资源、造成水土流失的行为之一的单位和个人，向县级以上人民政府水行政主管部门或者其他有关部门进行检举：

（一）违法毁林或者毁草场开荒，破坏植被的；

（二）违法开垦荒坡地的；

（三）向江河、湖泊、水库和专门存放地以外的沟渠倾倒废弃沙、石、土或者尾矿废渣的；

（四）破坏水土保持设施的；

（五）有破坏水土资源、造成水土流失的其他行为的。

第三条 水土流失防治区的地方人民政府应当实行水土流失防治目标责任制。

第四条 地方人民政府根据当地实际情况设立的水土保持机构，可以行使《水土保持法》和本条例规定的水行政主管部门对水土保持工作的职权。

第五条 县级以上人民政府应当将批准的水土保持规划确定的任务，纳入国民经济和社会发展计划，安排专项资金，组织实施，并可以按照有关规定，安排水土流失地区的部分扶贫资金、以工代赈资金和农业发展基金等资金，用于水土保持。

第六条 水土流失重点防治区按国家、省、县三级划分，具体范围由县级以上人民政府水行政主管部门提出，报同级人民政府批准并公告。水土流失重点防治区可以分为重点预防保护区、重点监督区和重点治理区。

第七条　水土流失严重的省、自治区、直辖市，可以根据需要，设置水土保持中等专业学校或者在有关院校开设水土保持专业。中小学的有关课程，应当包含水土保持方面的内容。

第二章　预　防

第八条　山区、丘陵区、风沙区的地方人民政府，对从事挖药材、养柞蚕、烧木炭、烧砖瓦等副业生产的单位和个人，必须根据水土保持的要求，加强管理，采取水土保持措施，防止水土流失和生态环境恶化。

第九条　在水土流失严重、草场少的地区，地方人民政府及其有关主管部门应当采取措施，推行舍饲，改变野外放牧习惯。

第十条　地方人民政府及其有关主管部门应当因地制宜，组织营造薪炭林，发展小水电、风力发电，发展沼气，利用太阳能，推广节能灶。

第十一条　《水土保持法》施行前已在禁止开垦的陡坡地上开垦种植农作物的，应当在平地或者缓坡地建设基本农田，提高单位面积产量，将已开垦的陡坡耕地逐步退耕，植树种草；退耕确有困难的，由县级人民政府限期修成梯田，或者采取其他水土保持措施。

第十二条　依法申请开垦荒坡地的，必须同时提出防止水土流失的措施，报县级人民政府水行政主管部门或者其所属的水土保持监督管理机构批准。

第十三条 在林区采伐林木的，采伐方案中必须有采伐区水土保持措施。林业行政主管部门批准采伐方案后，应当将采伐方案抄送水行政主管部门，共同监督实施采伐区水土保持措施。

第十四条 在山区、丘陵区、风沙区修建铁路、公路、水工程，开办矿山企业、电力企业和其他大中型工业企业，其环境影响报告书中的水土保持方案，必须先经水行政主管部门审查同意。在山区、丘陵区、风沙区依法开办乡镇集体矿山企业和个体申请采矿，必须填写"水土保持方案报告表"，经县级以上地方人民政府水行政主管部门批准后，方可申请办理采矿批准手续。建设工程中的水土保持设施竣工验收，应当有水行政主管部门参加并签署意见。水土保持设施经验收不合格的，建设工程不得投产使用。水土保持方案的具体报批办法，由国务院水行政主管部门会同国务院有关主管部门制定。

第十五条 《水土保持法》施行前已建或者在建并造成水土流失的生产建设项目，生产建设单位必须向县级以上地方人民政府水行政主管部门提出水土流失防治措施。

第三章 治 理

第十六条 县级以上地方人民政府应当组织国有农场、林场、牧场和农业集体经济组织及农民，在禁止开垦坡度以下的坡耕地，按照水土保持规划，修筑水平梯田和蓄水保土工程，整治排水系统，治理水土流失。

第十七条 水土流失地区的集体所有的土地承包给个人使用的，应当将治理水土流失的责任列入承包合同。当地乡、民族乡、镇的人民政府和农业集体经济组织应当监督承包合同的履行。

第十八条　荒山、荒沟、荒丘、荒滩的水土流失，可以由农民个人、联户或者专业队承包治理，也可以由企业事业单位或者个人投资投劳入股治理。实行承包治理的，发包方和承包方应当签订承包治理合同。在承包期内，承包方经发包方同意，可以将承包治理合同转让给第三者。

第十九条　企业事业单位在建设和生产过程中造成水土流失的，应当负责治理。因技术等原因无力自行治理的，可以交纳防治费，由水行政主管部门组织治理。防治费的收取标准和使用管理办法由省级以上人民政府财政部门、主管物价的部门会同水行政主管部门制定。

第二十条　对水行政主管部门投资营造的水土保持林、水源涵养林和防风固沙林进行抚育和更新性质的采伐时，所提取的育林基金应当用于营造水土保持林、水源涵养林和防风固沙林。

第二十一条　建成的水土保持设施和种植的林草，应当按照国家技术标准进行检查验收；验收合格的，应当建立档案，设立标志，落实管护责任制。任何单位和个人不得破坏或者侵占水土保持设施。企业事业单位在建设和生产过程中损坏水土保持设施的，应当给予补偿。

第四章　监　督

第二十二条　《水土保护法》第二十九条所称水土保持监测网络，是指全国水土保持监测中心，大江大河流域水土保持中心站，省、自治区、直辖市水土保持监测站以及省、自治区、直辖市重点防治区水土保持监测分站。水土保持监测网络的具体管理办法，由国务院水行政主管部门制定。

第二十三条　国务院水行政主管部门和省、自治区、直辖市人民政府水行政主管部门应当定期分别公告水土保持监测情况。公告应当包括下列事项：

（一）水土流失的面积、分布状况和流失程度；

（二）水土流失造成的危害及其发展趋势；

（三）水土流失防治情况及其效益。

第二十四条　有水土流失防治任务的企业事业单位，应当定期向县级以上地方人民政府水行政主管部门通报本单位水土流失防治工作的情况。

第二十五条　县级以上地方人民政府水行政主管部门及其所属的水土保持监督管理机构，应当对《水土保持法》和本条例的执行情况实施监督检查。水土保持监督人员依法执行公务时，应当持有县级以上人民政府颁发的水土保持监督检查证件。

第五章　法律责任

第二十六条　依照《水土保持法》第三十二条的规定处以罚款的，罚款幅度为非法开垦的陡坡地每平方米一元至二元。

第二十七条　依照《水土保持法》第三十三条的规定处以罚款的，罚款幅度为擅自开垦的荒坡地每平方米零点五元至一元。

第二十八条　依照《水土保持法》第三十四条的规定处以罚款的，罚款幅度为五百元以上、五千元以下。

第二十九条　依照《水土保持法》第三十五条的规定处以罚

款的，罚款幅度为造成的水土流失面积每平方米二元至五元。

第三十条 依照《水土保持法》第三十六条的规定处以罚款的，罚款幅度为一千元以上、一万元以下。

第三十一条 破坏水土保持设施，尚不够刑事处罚的，由公安机关依照《中华人民共和国治安管理处罚法》的有关规定予以处罚。

第三十二条 依照《水土保持法》第三十九条第二款的规定，请求水行政主管部门处理赔偿责任和赔偿金额纠纷的，应当提出申请报告。申请报告应当包括下列事项：

（一）当事人的基本情况；

（二）受到水土流失危害的时间、地点、范围；

（三）损失清单；

（四）证据。

第三十三条 由于发生不可抗拒的自然灾害而造成水土流失时，有关单位和个人应当向水行政主管部门报告不可抗拒的自然灾害的种类、程度、时间和已采取的措施等情况，经水行政主管部门查实并作出"不能避免造成水土流失危害"认定的，免予承担责任。

第六章 附 则

第三十四条 本条例由国务院水行政主管部门负责解释。

第三十五条 本条例自发布之日起施行。

附 录

全国水土保持规划（2015—2030 年）

水规计〔2015〕507 号

前 言

水土资源是人类赖以生存和发展的基础性资源。水土流失是我国重大的环境问题。目前我国水土流失面积尚有 294.91 万 km^2，占我国陆地面积的 30.7%，严重的水土流失导致水土资源破坏、生态环境恶化、自然灾害加剧，威胁国家生态安全、防洪安全、饮水安全和粮食安全，是我国经济社会可持续发展的突出制约因素。

新中国成立以来，党中央、国务院高度重视水土保持工作，我国水土流失防治取得了举世瞩目的成就。党的十八大、十八届三中全会、四中全会提出了生态文明建设、全面深化改革、推进依法治国的新要求。为贯彻党中央、国务院重大战略部署，落实《中华人民共和国水土保持法》，全面推进新时期我国水土保持工作，水利部会同发展改革委、财政部、国土资源部、环境保护部、农业部、林业局等部门，成立了全国水土保持规划编制工作领导小组，并于 2011 年 5 月正式启动全国水土保持规划编制工作。在深入调查研究、反复论证咨询、广泛征求意见的基础上，编制完成了《全国水土保持规划（2015—2030 年）》。

本次规划范围为全国 31 个省（自治区、直辖市），不包括港澳台地区，规划基准年为 2015 年，近期水平年为 2020 年，远期水平年为 2030 年。规划分析了我国水土流失及其防治现状，系统总结水土保持经验和成效，以全国水土保持区划为基础，以保护和合理利用水土资源为主线，以国家主体功能区规划为重要依据，拟定我国预防和治理水土流失、保护和合理利用水土资源的总体部署，明确水土保持的目标、任务、布局和对策措施，为维护良好生态、促进江河治理、保障饮水安全、改善人居环境、推动经济社会发展提供支撑和保障。本次规划是新中国成立 60 多年来首次"自上而下"和"自下而上"相结合、系统开展的国家水土保持综合规划，将是今后一个时期我国水土保持工作的发展蓝图和重要依据，是贯彻落实国家生态文明建设总体要求的行动指南。

规划基础数据来源于第一次全国水利普查、第二次全国土地调查、第八次全国森林资源清查等工作成果，国家和地方已公布的经济社会统计年鉴，相关批复规划成果等。本规划与《全国生态环境建设规划（1998—2050 年）》《全国主体功能区规划》《全国生态保护与建设规划（2013—2020 年）》《全国土地利用总体规划纲要（2006—2020 年）》《全国城镇体系规划纲要（2005—2020 年）》《全国草原保护建设利用总体规划》等做了充分衔接。规划中的水土流失面积是指第一次全国水利普查公布的水力侵蚀和风力侵蚀面积。

我国疆域广阔，地形起伏，山地丘陵约占全国陆地面积的三分之二。复杂的地质构造、多样的地貌类型、暴雨频发的气候特征、密集分布的人口及生产生活的影响，导致水土流失类型复杂、面广量大，成为我国重大的环境问题。

水土保持是我国生态文明建设的重要组成部分，是江河治理的根本，是山丘区小康社会建设和新农村建设的基础工程，事关国家生态安全、防洪安全、饮水安全和粮食安全。为全面推进新时期我国水土保持工作，依据《中华人民共和国水土保持法》，在系统总结水土保持经验和成效、深入分析水土流失现状的基础上，水利部会同有关部委组织编制了《全国水土保持规划（2015—2030 年）》。

一、现状与形势

（一）现状

新中国成立以来，党和政府领导人民群众开展了大规模的水土流失综合防治，取得了举世瞩目的成就。

——水土流失面积减少，土壤侵蚀强度降低。通过 60 多年长期不懈的努力，我国水土保持步入国家重点治理与全社会广泛参与相结合的规模治理轨道，水土流失防治取得了显著成效。截至 2013 年，累计综合治理小流域 7 万多条，实施封育 80 多万 km^2。全国水土流失面积由 2000 年的 356 万 km^2 下降到 2011 年的 294.91 万 km^2，减少了 17%；中度及以上水土流失面积由 194 万 km^2 下降到 157 万 km^2，降低了 19%。

——治理区生产生活条件改善，农民收入大幅增长。通过综合治理，大量坡耕地改造为梯田，并配套农田道路和水利设施，有效提高了土地生产力；荒山荒坡变为林地草地，农村生产生活基本条件得以改善；同时水土保持与特色产业发展紧密结合，促进了农村产业结构调整，农业综合生产能力明显提高，增加了农民收入。截至 2013 年，全国共修筑梯田 1800 余万 hm²，累计增产粮食 3000 多亿 kg；据测算，水土保持措施累计实现林产品及饲草等效益约 5600 亿元。近十年来治理区人均纯收入普遍比未治理区高出 30%～50%，有 1.5 亿群众直接受益，解决了 2000 多万山丘区群众的生计问题。

——林草植被覆盖逐步增加，生态环境明显趋好。坚持山水田林路统一规划，多部门协调合作，通过大面积封育保护、造林种草、退耕还林还草、退化草场治理等植被建设与恢复措施，林草植被面积大幅增加，森林覆盖率达到 21.63%，林草覆盖率达到 45%，生态环境明显趋好。经过 20 年国家重点治理，长江流域的金沙江下游及毕节地区、嘉陵江中下游、陇南陕南地区、三峡库区等林草覆盖率提高了约 30%，荒山荒坡面积减少了 70%。黄河粗泥沙集中来源区已有一半区域实现由"黄"转"绿"，植被覆盖率普遍增加了 10%～30%，局部区域增加 30%～50%；京津风沙源治理一期工程实施 12 年来，累计完成退耕还林还草和造林 752 万 hm²，草地治理 933 万 hm²，森林覆盖率提高到 15% 以上。

——蓄水保土能力不断提高，减沙拦沙效果日趋明显。通过合理配置水土保持措施，蓄水保土能力不断提高，土壤流失量明显减少，有效拦截了进入江河湖库的泥沙，延长了水库等水利基础设施的使用寿命。据统计与测算，全国现有水土保持措施每年可减少土壤流失量 15 亿 t。黄河上中游地区采取淤地坝、坡改梯等综合治理措施，年均减少入黄泥沙约 4 亿 t；长江中上游水土保持重点防治工程已治理水土流失面积约 8 万 km²，土壤蓄水能力增加 20 多亿 m³。丹江口库区及上游水土保持一期工程累计治理水土流失面积 1.45 万 km²，项目区年均保土能力达到近 5000 万 t，蓄水能力达到 4.3 亿 m³，年均减少进入丹江口水库泥沙达 2000 万 t 以上。

——水源涵养能力日益增强，水源地保护初显成效。近年来，通过在江河源头区采取预防保护、草场建设与管理措施，在水源涵养功能区实施天然林保护、退耕还林还草、营造水源涵养林，同时在重要水源地开展清洁小流域建设，水源地保护初显成效，水源涵养与水质维护能力日益增强。据测算，全国梯田、坝滩地、乔木林、灌木林、经济林、人工种草等水土保持措施累计保水量 6604 亿 m³，年均 120 亿 m³。到 2013 年全国累计建成清洁小流域 1000 多条，有效维护了水源地水质。丹江口库区及上游水土保持一期工程完成后，水源涵养能力进一步增强，进入水库的面源污染物明显减少，据陕西省水文局 7 个水质监测断面分析，汉、丹江年度水质基本稳定在Ⅱ类或优于Ⅱ类。

（二）形势

我国由于特殊的自然地理和气候条件，众多的人口以及长期的开发利用，特别是随着现代化、城镇化、工业化的快速发展以及大规模频繁的生产建设活动，地表和植被不断遭受扰动，严重的水土流失导致水土资源破坏，生态环境恶化，自然灾害频发，严重制约经济社会可持续发展。

根据第一次全国水利普查成果，2011 年我国水土流失面积 294.91 万 km²，占我国陆地面积的 30.7%，其中水力侵蚀 129.32 万 km²，风力侵蚀 165.59 万 km²。按侵蚀强度分，轻度侵蚀 138.36 万 km²、中度 56.88 万 km²、强烈 38.69 万 km²、极强烈 29.67 万 km² 和剧烈 31.31 万 km²。总体分析，水土流失以轻中度侵蚀为主，其中轻中度水力侵蚀面积占水力侵蚀总面积的 78%。

水蚀主要集中在蒙滇川陕晋甘黔黑等省（自治区）；风蚀主要集中在西部的新蒙青甘藏等省（自治区）。

专栏 1：水土保持存在的主要问题

01　水土流失综合防治任务依然艰巨 全国水土流失依然严重，东北黑土区、西南石漠化地区土地资源保护抢救的任务十分迫切，革命老区、少数民族地区、贫困地区严重的水土流失尚未得到有效治理。
02　人为水土流失问题仍较突出 人为水土流失虽然得到了初步遏制，但重建设、轻生态、轻保护问题依然存在，仍需进一步加强人为水土流失防治和监督管理。
03　水土保持综合监管有待加强 水土保持政府目标责任制等尚未有效建立，水土保持工程建设管理等制度有待完善，科技支撑体系尚不健全，信息化水平急需提高，监管能力亟待增强。
04　社会公众水土保持意识尚需提高 水土保持宣教和科普工作虽然取得了很大成绩，但生产、建设过程中急功近利、破坏生态的情况仍有发生，社会公众水土保持意识尚需提高。
05　水土流失防治投入尚不能满足生态建设需要 近十年来国家水土保持投入明显增长，但水土流失防治任务仍然十分艰巨且治理难度逐步增大，水土流失防治投入仍不能满足生态建设需要。

规划期内正值我国经济社会发展的重要转型期，经济社会发展总体态势对水土保持工作提出了新要求。

——人口增长趋缓，老龄人口比例渐增。2013 年我国总人口 13.6 亿，预期 2030 年全国总人口达到 15 亿左右，年均增长率 5.5‰；同时，人口年龄结构变化，到 2030 年，老龄化人口预期达到 3.6 亿，年轻劳动力比例呈下降趋势，依靠国家补助和农民投劳的水土保持生态工程建管模式将会改变。

——农业人口锐减，城镇化率不断提高。我国正处于城镇化加快发展阶段，2013 年全国城镇人口 7.3 亿，预期 2030 年城镇人口将达到 9.4 亿，城镇化率由 2013 年的 53.7%增加到 62.7%，农业人口锐减，农村劳动力成本渐趋增加，农民投工投劳参与水土保持的程度将有所降低。

——资源开发强度增加，供需矛盾仍旧突出。随着经济社会快速发展，水、土地、能源和矿产资源的大规模开发利用使资源的可持续利用面临严峻的挑战，资源环境对经济发展的约束日益增强，资源供需矛盾突出。尤其中西部地区资源丰富，开发力度不断加大，由此带来的水土流失问题值得关注。资源开发造成的水土流失仍将是水土保持监管的重点。

——基础设施日趋完善，基建规模依然较大。我国能源、交通、通讯、水利、环保等基础设施尚处于继续发展完善的阶段，今后一段时期基本建设项目仍将维持相当规模。能源、交通、水利等工程建设引发的人为水土流失问题依然突出。

——人民生活不断改善，生态意识日益增强。2013 年我国人均 GDP 达到 6767 美元，进入中等收入发展中国家，预期 2030 年人均 GDP 将突破 1.5 万美元，经济社会发展水平大幅提高，建设美丽中国、提高生活质量成为人民群众的共同愿景，全社会的生态意识日益增强。

我国水土保持总体形势：水土流失综合防治逐步纳入法制化轨道，重点地区水土流失治理成效显著，植被保护和修复初见成效，退耕还林还草面积不断扩大和巩固，水土流失面积和强度逐年下降。但西部和老少边穷地区水土流失依然严重，江河源头区、重要水源地水土流失防治要求不断提高，城镇化建设、生产建设项目产生的水土流失问题日益凸显。纵观经济社会与生态保护建设的发展历程，今后一段时期既是我国经济社会发展的重要战略机遇期，也是资源环境约束加剧的矛盾凸显期，因此，必须按照党的十八大关于生态文明建设的总要求，紧紧抓住历史机遇，深化改革，依法防治，大力推进水土保持工作，促进经济社会的可持续发展。

二、指导思想与目标

（一）指导思想

深入贯彻党的十八大和十八届二中、三中、四中全会精神，认真落实党中央、国务院关于生态文明建设的决策部署，树立尊重自然、顺应自然、保护自然的理念，坚持预防为主、保护优先、全面规划、因地制宜，注重自然恢复，突出综合治理，强化监督管理，创新体制机制，充分发挥水土保持的生态、经济和社会效益，实现水土资源可持续利用，为保护和改善生态环境、加快生态文明建设、推动经济社会持续健康发展提供重要支撑。

（二）基本原则

1. 坚持以人为本，人与自然和谐相处

注重保护和合理利用水土资源，以改善群众生产生活条件和人居环境为重点，充分体现人与自然和谐相处的理念，重视生态自然修复。

2. 坚持整体部署，统筹兼顾

对水土保持工作进行整体部署，统筹兼顾中央与地方、城市与农村、开发与保护、重点与一般、水土保持与相关行业。

3. 坚持分区防治，合理布局

在水土保持区划的基础上，紧密结合区域水土流失特点和经济社会发展需求，因地制宜，分区制定水土流失防治方略和途径，科学合理布局和配置措施。

4. 坚持突出重点，分步实施

充分考虑水土流失现状和防治需求，在水土流失重点预防区和重点治理区划分的基础上，突出重点，分期分步实施。

5. 坚持制度创新，加强监管

分析水土保持面临的机遇和挑战，创新体制，完善制度，强化监管，进一步提升水土保持社会管理和公共服务水平。

6. 坚持科技支撑，注重效益

强化水土保持基础理论研究、关键技术攻关和科技示范推广，不断创新水土保持理论、技术与方法，加强水土保持信息化建设，进一步提高水土流失综合防治效益。

（三）目标任务

近期目标任务：到 2020 年，基本建成与我国经济社会发展相适应的水土流失综合防治体系，基本实现预防保护，重点防治地区的水土流失得到有效治理，生态进一步趋向好转。全国新增水土流失治理面积 32 万 km^2，其中新增水蚀治理面积 29 万 km^2，风蚀面积逐步减少，水土流失面积和侵蚀强度有所下降，人为水土流失得到有效控制；林草植被得到有效保护与恢复；年均减少土壤流失量 8 亿 t，输入江河湖库的泥沙有效减少。

远期目标任务：到 2030 年，建成与我国经济社会发展相适应的水土流失综合防治体系，实现全面预防保护，重点防治地区的水土流失得到全面治理，生态实现良性循环。全国新增水土流失治理面积 94 万 km^2，其中新增水蚀治理面积 86 万 km^2，中度及以上侵蚀面积大幅减少，风蚀面积有效削减，人为水土流失得到全面防治；林草植被得到全面保护与恢复；年均减少土壤流失量 15 亿 t，输入江河湖库的泥沙大幅减少。

专栏2：全国水土保持规划目标任务指标

主要指标	基准年	近期	远期
新增水土流失治理面积（万 km²）	–	32	94
其中：新增水蚀治理面积（万 km²）	–	29	86
年均减少土壤流失量（亿 t）	–	8	15

分省（自治区、直辖市）水土流失治理规模见附表1。

三、总体布局

（一）总体方略

按照规划目标，以国家主体功能区规划为重要依据，综合分析水土流失防治现状和趋势、水土保持功能的维护和提高需求，提出全国水土保持总体方略。

预防：保护林草植被和治理成果，强化生产建设活动和项目水土保持管理，实施封育保护，促进自然修复，全面预防水土流失。重点突出重要水源地、重要江河源头区、水蚀风蚀交错区水土流失预防。

治理：在水土流失地区，开展以小流域为单元的山水田林路综合治理，加强坡耕地、侵蚀沟及崩岗的综合整治。重点突出西北黄土高原区、东北黑土区、西南岩溶区等水土流失相对严重地区，坡耕地相对集中区域，以及侵蚀沟相对密集区域的水土流失治理。

监管：建立健全综合监管体系，创新体制机制，强化水土保持动态监测与预警，提高信息化水平，建立和完善水土保持社会化服务体系。

（二）区域布局

为了科学合理进行水土流失防治总体布局，首次开展了全国水土保持区划。区划采取三级分区体系。一级区为总体格局区，确定全国水土保持工作战略部署与水土流失防治方略，反映水土资源保护、开发和合理利用的总体格局。二级区为区域协调区，协调跨流域、跨省区的重大区域性规划目标、任务及重点。三级区为基本功能区，确定水土流失防治途径及技术体系，作为重点项目布局与规划的基础。全国共划分 8 个一级区、40 个二级区、115 个三级区（见附表 2、附图 2）。

按照总体方略要求，综合协调天然林保护、退耕还林还草、草原保护建设、保护性耕作推广、土地整治、城镇建设、城乡统筹发展等相关水土保持内容，以全国水土保持区划为基础，提出水土保持区域布局。

1. 东北黑土区

即东北山地丘陵区，包括内蒙古、辽宁、吉林和黑龙江 4 省（自治区）244 个县（市、区、旗），土地面积约 109 万 km^2，水土流失面积 25.3 万 km^2。

东北黑土区主要分布有大小兴安岭、长白山、呼伦贝尔高原、三江平原及松嫩平原。主要河流涉及黑龙江、松花江等。属温带季风气候区，大部分地区年均降水量 300~800mm。土壤类型以黑土、黑钙土、灰色森林土、暗棕壤、棕色针叶林土为主。主要植被类型包括落叶针叶林、落叶针阔混交林和草原植被等，林草覆盖率 55.27%。区内耕地总面积 2892.3 万 hm^2，其中坡耕地 230.9 万 hm^2，缓坡耕地 356.3 万 hm^2。水土流失以水力侵蚀为主，间有风力侵蚀，北部有冻融侵蚀。

东北黑土区是世界三大黑土带之一，既是我国森林资源最为丰富的地区，也是国家重要的生态屏障。三江平原和松嫩平原是全国重要商品粮生产基地，呼伦贝尔草原是国家重要畜产品生产基地，哈长地区是全国重要的能源、装备制造基地。由于森林采伐、大规模垦殖等历史原因导致森林后备资源不足、湿地萎缩、黑土流失。

以漫川漫岗区的坡耕地和侵蚀沟治理为重点，加强农田水土保持工作，实施农林镶嵌区退耕还林还草和农田防护、西部地区风蚀防治，强化自然保护区、天然林保护区、重要水源地的预防和监督管理。

增强大小兴安岭山地区嫩江、松花江等江河源头区水源涵养功能。加强长白山-完达山山地丘陵区坡耕地及侵蚀沟道治理，保护水源地，维护生态屏障。保护东北漫川漫岗区黑土资源，加大坡耕地综合治理，推行水土保持耕作制度。加强松辽平原风沙区农田防护体系建设和风蚀防治，实施水土保持耕作措施。控制大兴安岭东南山地丘陵区坡面侵蚀，治理侵蚀沟道，防治草场退化。加强呼伦贝尔丘陵平原区草场管理，保护现有草地和森林。

2. 北方风沙区

即新甘蒙高原盆地区，包括河北、内蒙古、甘肃和新疆4省（自治区）145个县（市、区、旗），土地面积约239万 km²，水土流失面积142.6万 km²。

北方风沙区主要分布有内蒙古高原、阿尔泰山、准噶尔盆地、天山、塔里木盆地、昆仑山、阿尔金山。区内包含塔克拉玛干、古尔班通古特、巴丹吉林、腾格里、库姆塔格、库布齐、乌兰布和沙漠及浑善达克沙地，沙漠戈壁广布。主要涉及塔里木河、黑河、石羊河、疏勒河等内陆河，以及额尔齐斯河、伊犁河等河流。属温带干旱半干旱气候区，大部分地区年均降水量 25～350mm。土壤类型以栗钙土、灰钙土、风沙土和棕漠土为主。主要植被类型包括荒漠草原、典型草原以及疏林灌木草原等，林草覆盖率 31.02%。区内耕地总面积 754.4 万 hm²，其中坡耕地 20.5 万 hm²。水土流失以风力侵蚀为主，局部地区风蚀和水蚀并存。

北方风沙区荒漠草原相间，绿洲零星分布，天山、祁连山、昆仑山、阿尔泰山是区内主要河流的发源地，生态环境脆弱，在我国生态安全战略格局中具有十分重要的地位，是国家重要的能源矿产和风能开发基地，是国家重要农牧产品产业带。天山北坡地区是国家重点开发区域。区内草场退化，土地风蚀与沙化问题突出，水资源匮乏，河流下游绿洲萎缩，局部地区能源矿产开发活动频繁，植被破坏和沙丘活化现象严重，风沙严重危害工农业生产和群众生活。

加强预防，实施退牧还草工程，防治草场沙化退化。保护和修复山地森林植被，提高水源涵养能力，维护江河源头区生态安全。综合防治农牧交错地带水土流失，建立绿洲防风固沙体系，加强能源矿产开发的监督管理。

加强内蒙古中部高原丘陵区草场管理和风蚀防治。保护河西走廊及阿拉善高原区绿洲农业和草地资源。提高北疆山地盆地区森林水源涵养能力，开展绿洲边缘冲积洪积山麓地带综合治理和山洪灾害防治。加强南疆山地盆地区绿洲农田防护和荒漠植被保护。

3. 北方土石山区

即北方山地丘陵区，包括北京、天津、河北、山西、内蒙古、辽宁、江苏、安徽、山东和河南 10 省（自治区、直辖市）共 662 个县（市、区、旗），土地总面积约 81 万 km²，水土流失面积 19.0 万 km²。

北方土石山区主要包括辽河平原、燕山太行山、胶东低山丘陵、沂蒙山泰山以及淮河以北的黄淮海平原等。主要河流涉及辽河、大凌河、滦河、北三河、永定河、大清河、子牙河、漳卫河，以及伊洛河、大汶河、沂河、沭河、泗河等。属温带半干旱、暖温带半干旱及半湿润气候区，大部分地区年均降水量 400～800mm。主要土壤类型包括褐土、棕壤和栗钙土等。植被类型主要为温带落叶阔叶林、针阔混交林，林草覆盖率 24.22%。区内耕地总面积 3229.0 万 hm²，其中坡耕地 192.4 万 hm²。水土流失以水力侵蚀为主，部分地区间有风力侵蚀。

北方土石山区的环渤海地区、山东半岛地区、冀中南、东陇海、中原经济区等重要的优化开发和重点开发区域是我国城市化战略格局的重要组成部分，辽河平原、黄淮海平原是重要的粮食主产区，沿海低山丘陵区是农业综合开发基地，太行山、燕山等区域是华北重要饮用水水源地。区内除西部和西北部山区丘陵区有森林分布外，大部分为农业耕作区，整体林草覆盖率低。山区丘陵区耕地资源短缺，坡耕地比例大，水源涵养能力有待提高，局部地区存在山洪灾害。区内开发强度大，人为水土流失问题突出，海河下游和黄泛区存在潜在风蚀危险。

以保护和建设山地森林草原植被，提高河流上游水源涵养能力为重点，维护重要水源地安全。加强山丘区小流域综合治理、微丘岗地及平原沙土区农田水土保持工作，改善农村生产生活条件。全面加强生产建设活动和项目水土保持监督管理。

加强辽宁环渤海山地丘陵区水源涵养林、农田防护林和城市人居环境建设。开展燕山及辽西山地丘陵区水土流失综合治理，推动城郊及周边地区清洁小流域建设。提高太行山山地丘陵区森林水源涵养能力，加强京津风沙源区综合治理，改造坡耕地，发展特色产业，巩固退耕还林还草成果。保护泰沂及胶东山地丘陵区耕地资源，实施综合治理，加强农业综合开发。改善华北平原区农业产业结构，推行保护性耕作，强化黄泛平原及河湖滨海风沙区的监督管理。加强豫西南山地丘陵区水土流失综合治理，发展特色产业，保护现有森林植被。

4. 西北黄土高原区

包括山西、内蒙古、陕西、甘肃、青海和宁夏6省（自治区）共271个县（市、区、旗），土地总面积约56万 km²，水土流失面积23.5万 km²。

西北黄土高原区主要分布有鄂尔多斯高原、陕北高原、陇中高原等。主要河流涉及黄河干流、汾河、无定河、渭河、泾河、洛河、洮河、湟水河等。属暖温带半湿润、半干旱气候区，大部分地区年均降水量250~700mm。主要土壤类型有黄绵土、褐土、垆土、棕壤、栗钙土和风沙土。植被类型主要为暖温带落叶阔叶林和森林草原，林草覆盖率45.29%。区内耕地总面积1268.8万 hm²，其中坡耕地452.0万 hm²。水土流失以水力侵蚀为主，北部地区水蚀和风蚀交错。

西北黄土高原区是世界上面积最大的黄土覆盖地区和黄河泥沙的主要策源地，是阻止内蒙古高原风沙南移的生态屏障，也是重要的能源重化工基地。汾渭盆地、河套灌区是国家的农产品主产区，呼包鄂榆、宁夏沿黄经济区、兰州-西宁和关中-天水等国家重点开发区是我国城市化战略格局的重要组成部分。区内水土流失严重，泥沙下泄影响黄河下游防洪安全。坡耕地多，水资源匮乏，农业综合生产能力较低。部分区域草场退化沙化严重。能源开发引起的水土流失问题十分突出。

实施小流域综合治理，建设以梯田和淤地坝为核心的拦沙减沙体系，发展农业特色产业，保障黄河下游安全。巩固退耕还林还草成果，保护和建设林草植被，防风固沙，控制沙漠南移。

建设宁蒙覆沙黄土丘陵区毛乌素沙地、库布齐沙漠、河套平原周边的防风固沙体系。实施晋陕蒙丘陵沟壑区拦沙减沙工程，恢复与建设长城沿线防风固沙林草植被。加强汾渭及晋城丘陵阶地区丘陵台塬水土流失综合治理，保护与建设山地水源涵养林。开展晋陕甘高塬沟壑区坡耕地综合治理和沟道坝系建设，保护与建设子午岭与吕梁林区植被。加强甘宁青山地丘陵沟壑区以坡改梯和雨水集蓄利用为主的小流域综合治理，保护与建设林草植被。

5. 南方红壤区

即南方山地丘陵区，包括上海、江苏、浙江、安徽、福建、江西、河南、湖北、湖南、广东、广西和海南12省（自治区、直辖市）共859个县（市、区），土地总面积约124万 km^2，水土流失面积16.0万 km^2。

南方红壤区主要包括大别山、桐柏山、江南丘陵、淮阳丘陵、浙闽山地丘陵、南岭山地丘陵及长江中下游平原、东南沿海平原等。主要河流湖泊涉及淮河部分支流，长江中下游及汉江、湘江、赣江等重要支流，珠江中下游及桂江、东江、北江等重要支流，钱塘江、韩江、闽江等东南沿海诸河，以及洞庭湖、鄱阳湖、太湖、巢湖等。属亚热带、热带湿润气候区，大部分地区年均降水量 800~2000mm。土壤类型主要包括棕壤、黄红壤和红壤等。主要植被类型为常绿针叶林、阔叶林、针阔混交林以及热带季雨林，林草覆盖率 45.16%。区内耕地总面积 2823.4 万 hm²，其中坡耕地 178.3 万 hm²。水土流失以水力侵蚀为主，局部地区崩岗发育，滨海环湖地带兼有风力侵蚀。

南方红壤区是重要的粮食、经济作物、水产品、速生丰产林和水果生产基地，也是有色金属和核电生产基地。大别山山地丘陵、南岭山地、海南岛中部山区等是重要的生态功能区。洞庭湖、鄱阳湖是我国重要湿地。长江、珠江三角洲等城市群是我国城市化战略格局的重要组成部分。区内人口密度大，人均耕地少，农业开发程度高，山丘区坡耕地以及经济林和速生丰产林林下水土流失严重，局部地区存在侵蚀劣地和崩岗，水网地区存在河岸坍塌、河道淤积、水体富营养化等问题。

加强山丘区坡耕地改造及坡面水系工程配套，控制林下水土流失，开展微丘岗地缓坡地带的农田水土保持工作，实施侵蚀劣地和崩岗治理，发展特色产业。保护和建设森林植被，提高水源涵养能力，推动城市周边地区清洁小流域建设。加强城市、经济开发区及基础设施建设的水土保持监督管理。

加强江淮丘陵及下游平原区农田保护及丘岗水土流失综合防治，维护水质及人居环境。保护与建设大别山-桐柏山山地丘陵区森林植被，提高水源涵养能力，实施以坡改梯及配套水系工程和发展特色产业为核心的综合治理。优化长江中游丘陵平原区农业产业结构，保护农田，维护水网地区水质和城市人居环境。加强江南山地丘陵区坡耕地、坡林地及崩岗的水土流失综合治理，保护与建设江河源头区水源涵养林，培育和合理利用森林资源，维护重要水源地水质。保护浙闽山地丘陵区耕地资源，配套坡面排蓄工程，强化溪岸整治，加强农林开发水土流失治理和监督管理，加强崩岗和侵蚀劣地的综合治理，保护好河流上游森林植被。保护和建设南岭山地丘陵区森林植被，提高水源涵养能力，防治亚热带特色林果产业开发产生的水土流失，抢救岩溶分布地带土地资源，实施坡改梯，做好坡面径流排蓄和岩溶水利用。保护华南沿海丘陵台地区森林植被，建设清洁小流域，维护人居环境。保护海南及南海诸岛丘陵台地区热带雨林，加强热带特色林果开发的水土流失治理和监督管理，发展生态旅游。

6. 西南紫色土区

即四川盆地及周围山地丘陵区，包括河南、湖北、湖南、重庆、四川、陕西和甘肃7省（直辖市）共254个县（市、区），土地总面积约51万km^2，水土流失面积16.2万km^2。

西南紫色土区分布有秦岭、武当山、大巴山、巫山、武陵山、岷山、汉江谷地、四川盆地等。主要涉及长江上游干流，以及岷江、沱江、嘉陵江、汉江、丹江、清江、澧水等河流。属亚热带湿润气候区，大部分地区年均降水量800~1400mm。土壤类型以紫色土、黄棕壤和黄壤为主。植被类型主要包括亚热带常绿阔叶林、针叶林及竹林，林草覆盖率57.84%。区域耕地总面积1137.8万hm^2，其中坡耕地622.1万hm^2。水土流失以水力侵蚀为主，局部地区滑坡、泥石流等山地灾害频发。

西南紫色土区是我国西部重点开发区和重要的农产品生产区，也是重要的水电资源开发和有色金属矿产生产基地，是长江上游重要的水源涵养区。区内有三峡水库和丹江口水库，秦巴山地是嘉陵江与汉江等河流的发源地，成渝地区是全国统筹城乡发展示范区，以及全国重要的高新技术产业、先进制造业和现代服务业基地。区内人多地少，坡耕地广布，水电、石油天然气和有色金属矿产等资源开发强度大，水土流失严重，山地灾害频发，是长江泥沙的策源地之一。

加强以坡耕地改造及坡面水系工程配套为主的小流域综合治理，巩固退耕还林还草成果。实施重要水源地和江河源头区预防保护，建设与保护植被，提高水源涵养能力，完善长江上游防护林体系。积极推行重要水源地清洁小流域建设，维护水源地水质。防治山洪灾害，健全滑坡泥石流预警体系。加强水电资源开发及经济开发区的水土保持监督管理。

巩固秦巴山山地区治理成果，保护河流源头区和水源地植被，继续推进小流域综合治理，发展特色产业，加强库区移民安置和城镇迁建的水土保持监督管理。保护武陵山山地丘陵区森林植被，大力营造水源涵养林，开展坡耕地综合整治，发展特色旅游生态产业。强化川渝山地丘陵区以坡改梯和坡面水系工程为主的小流域综合治理，保护山丘区水源涵养林，建设沿江滨库植被带，注重山区山洪、泥石流沟道治理。

7. 西南岩溶区

即云贵高原区，包括四川、贵州、云南和广西4省（自治区）共273个县（市、区），土地总面积约70万 km²，水土流失面积20.4万 km²。

西南岩溶区主要分布有横断山山地、云贵高原、桂西山地丘陵等。主要河流涉及澜沧江、怒江、元江、金沙江、雅砻江、乌江、赤水河、南北盘江、红水河、左江、右江等。属亚热带和热带湿润气候区，大部分地区年均降水量800~1600mm。土壤类型主要分布有黄壤、黄棕壤、红壤和赤红壤。植被类型以亚热带和热带常绿阔叶、针叶林、针阔混交林为主，林草覆盖率 57.80%。区内耕地总面积 1327.8 万 hm²，其中坡耕地 722.0 万 hm²。水土流失以水力侵蚀为主，局部地区存在滑坡、泥石流。

西南岩溶区少数民族聚居，是我国水电资源蕴藏最丰富的地区之一，是重要的有色金属及稀土等矿产基地，也是重要的生态屏障。黔中和滇中地区是国家重点开发区，滇南是华南农产品主产区的重要组成部分。区内岩溶石漠化严重，耕地资源短缺，陡坡耕地比例大，工程性缺水严重，农村能源匮乏，贫困人口多，山区滑坡、泥石流等灾害频发，水土流失问题突出。

改造坡耕地和建设小型蓄水工程，强化岩溶石漠化治理，保护耕地资源，提高耕地资源的综合利用效率，加快群众脱贫致富。注重自然修复，推进陡坡耕地退耕，保护和建设林草植被。防治山地灾害。加强水电、矿产资源开发的水土保持监督管理。

加强滇黔桂山地丘陵区坡耕地整治，实施坡面水系工程和表层泉水引蓄灌工程，保护现有森林植被，实施退耕还林还草和自然修复。保护滇北及川西南高山峡谷区森林植被，实施坡改梯及配套坡面水系工程，提高抗旱能力和土地生产力，促进陡坡退耕还林还草，加强山洪泥石流预警预报，防治山地灾害。保护和恢复滇西南山地区热带森林，整治坡耕地，治理橡胶园等林下水土流失，加强水电资源开发的水土保持监督管理。

8. 青藏高原区

包括西藏、青海、甘肃、四川和云南 5 省（自治区）共 144 个县（市、区），土地总面积约 219 万 km²，水土流失面积 31.9 万 km²。

青藏高原区主要分布有祁连山、唐古拉山、巴颜喀拉山、横断山脉、喜马拉雅山、柴达木盆地、羌塘高原、青海高原、藏南谷地。主要河流涉及黄河、怒江、澜沧江、金沙江、雅鲁藏布江。气候从东往西由温带湿润区过渡到寒带干旱区，大部分地区年均降水量 50~800mm。土壤类型以高山草甸土、草原土和漠土为主。植被类型主要包括温带高寒草原、草甸和疏林灌木草原，林草覆盖率 58.24%。区内耕地总面积 104.9 万 hm^2，其中坡耕地 34.3 万 hm^2。冻融、水力、风力侵蚀均有分布。

青藏高原区孕育了长江、黄河和西南诸河，高原湿地与湖泊众多，是我国西部重要的生态屏障，也是淡水资源和水电资源最为丰富的地区。青海湖是我国最大的内陆湖和咸水湖，也是我国七大国际重要湿地之一，长江、黄河和澜沧江三江源头湿地广布，物种丰富。区内地广人稀，冰川退化，雪线上移，湿地萎缩，植被退化，水源涵养能力下降，自然生态系统保存较为完整但极端脆弱。

维护独特的高原生态系统，加强草场和湿地的保护，治理退化草场，提高江河源头区水源涵养能力，综合治理河谷周边水土流失，促进河谷农业生产。

加强柴达木盆地及昆仑山北麓高原区预防保护，保护青海湖周边的生态及柴达木盆地东端的绿洲农田。强化若尔盖-江河源高原山地区草场和湿地保护，防治草场沙化退化，维护水源涵养功能。保护羌塘-藏西南高原区天然草场，轮封轮牧，发展冬季草场，防止草场退化。实施藏东-川西高山峡谷区天然林保护，改造坡耕地，陡坡退耕还林还草，加强水电资源开发的水土保持监督管理。保护雅鲁藏布河谷及藏南山地区天然林，建设人工草地，保护天然草场，轮封轮牧，实施河谷农区小流域综合治理。

（三）重点防治区

根据水土保持法第十二条规定，按照总体方略和区域布局，结合国家重点生态功能区及范围、水土流失分布及防治现状，以2006年水利部《关于划分国家级水土流失重点防治区的公告》为基础，共复核划分了23个国家级水土流失重点预防区，涉及460个县级行政单位，县域面积334.4万 km²，重点预防面积43.92万 km²；17个国家级水土流失重点治理区，涉及631个县级行政单位，县域面积163.3万 km²，重点治理面积49.44万 km²。国家级水土流失重点预防区和重点治理区名录见附表3、4。

四、预防保护

坚持"预防为主，保护优先"。在我国所有陆地实施全面预防保护，从源头上有效控制水土流失，以维护和增强水土保持功能为原则，充分发挥生态自然修复作用，多措并举，形成综合预防保护体系，扩大林草植被覆盖。林草覆盖率高、水土流失潜在危险大的区域实施封育保护；绿洲边缘沙漠地带及水蚀风蚀交错地区实施封育保护和局部治理；条件相对恶劣、不适宜治理的水蚀区域和沙漠戈壁等无人区进行封禁；重要江河源头区、重要水源地、水蚀风蚀交错区实施重点预防。加强监督、严格执法，全面监控和治理生产建设活动和项目造成的水土流失。

（一）范围、对象与措施

预防范围：包括江河源头区、重要水源地，河流两岸以及湖泊和水库周边，侵蚀沟的沟坡和沟岸；全国水土保持区划中水土保持功能为水源涵养、生态维护、水质维护的区域；水土流失严重、生态脆弱的地区；山区、丘陵区、风沙区及其以外的容易产生水土流失的其他区域（以下简称"其他水土流失易发区"），以及其他需要预防的区域。

专栏 3：其他水土流失易发区

指全国水土保持区划三级区确定的山区、丘陵区、风沙区以外且海拔 200m 以下、相对高差小于 50m，并符合下列条件之一的区域：

1) 涉及防风固沙、水质维护或人居环境维护功能的重要区域；
2) 涉及国家级水土流失重点预防区；
3) 土质疏松，沙粒含量较高，人为扰动后易产生风蚀的区域；
4) 年均降水量大于 500mm，一定范围内地形起伏度 10~50m 的区域；
5) 河流两侧一定范围，具有岸线保护功能的区域；
6) 各级政府主体功能区规划确定的重点生态功能区；
7) 湿地保护区、风景名胜区、自然保护区等；
8) 具有一定规模的矿产资源集中开发区和经济开发区。

具体范围根据上述划分条件，由省级及以下水土保持规划结合实际情况确定。

预防对象：指在预防范围内需保护的林草植被、地面覆盖物、人工水土保持设施，主要包括：天然林、郁闭度高的人工林以及覆盖度高的草原、草场和草地；受人为破坏后难以恢复和治理地带；水土流失严重、生态脆弱地区的植被和沙壳、结皮、地衣等地面覆盖物；侵蚀沟的沟坡和沟岸、河流的两岸以及湖泊和水库周边的植物保护带；水土流失综合防治成果等其他水土保持设施。

预防措施：包括保护管理、封育、治理及能源替代等措施。保护管理主要是对崩塌、滑坡危险区和泥石流易发区，水土流失严重、生态脆弱的地区采取限制或禁止措施；对陡坡地开垦和种植、林木采伐及抚育更新，以及基础设施建设、矿产资源开发等采取预防监管措施。封育措施主要是指森林植被抚育更新与改造、轮封轮牧、网围栏、人工种草、草库仑建设、舍饲养畜等。能源替代主要包括小水电代燃料、以电代柴、新能源代燃料等措施。

预防范围内存在的局部水土流失要进行综合治理，促进预防措施的实施。局部水土流失综合治理采取林草植被建设、坡改梯、侵蚀沟治理、农村垃圾和污水处置设施建设、雨水综合利用、人工湿地及其他面源污染控制等措施。

(二) 重点预防项目

遵循"大预防、小治理"、"集中连片、以国家级水土流失重点预防区为主兼顾其他"的原则，确定重要江河源头区、重要水源地和水蚀风蚀交错区3个重点预防项目的范围、任务和规模。

1. 重要江河源头区水土保持

范围及基本情况：项目范围共涉及32个江河源头区，三江源、嘉陵江上中游、金沙江岷江上游及三江并流、东江上中游、长白山、祁连山-黑河等11个国家级水土流失重点预防区。项目区多位于山区和丘陵区，人口相对稀少，林草覆盖率较高，水土流失轻微。水土流失面积41.18万 km^2，其中水蚀13.07万 km^2，风蚀28.11万 km^2。北方风沙区和青藏高原区的江河源头区，多为草原草地，超载过牧，人口多集中于河谷，山地灾害频发；其他江河源头区大多是高山峡谷，分布有大面积森林，河流两岸低缓地带人口密度大、坡耕地多，水土流失相对严重。

任务：以封育保护为主，辅以综合治理，以治理促保护，控制水土流失，提高水源涵养能力。

规模：近期防治面积4.72万 km^2，其中预防4.08万 km^2，治理0.64万 km^2。远期累计防治总面积13.39万 km^2，其中预防

11.54 万 km², 治理 1.85 万 km²。

根据区域水土保持功能重要性, 确定 9 个江河源头区水土保持工程为近期重点工程 (附图 4)。

专栏 4: 重要江河源头区水土保持近期重点工程

01　三江源区
主要包括长江、黄河、澜沧江源头, 涉及甘肃、青海两省, 现状植被情况较好, 水土流失轻微。以封育保护为主, 综合治理村庄农田周边水土流失。
02　嘉陵江源区
涉及甘肃、四川两省, 采取预防保护措施, 巩固治理成果, 对治理薄弱区域继续实施水土流失综合治理, 结合植被保护与建设, 做好山洪灾害防治。
03　三江并流和岷江源区
包括澜沧江、怒江、金沙江三江并流区域和岷江源头, 主要涉及四川省和西藏自治区, 多为高山峡谷, 森林覆盖率高。以封育保护为主, 建设水源涵养林, 加强局部地区坡耕地综合整治和山洪灾害防治。
04　清江澧水源区
主要涉及湖北和湖南两省, 分布有张家界和神农架国家级自然保护区, 林草覆盖率高, 生态良好。开展封育保护, 促进自然修复, 对坡耕地、茶园等实施水土流失综合治理。
05　东江北江及湘江源区
主要涉及湖南、广东、广西和江西 4 省 (自治区), 是国家级生态功能区, 植被覆盖良好, 农林开发水土流失相对严重。以封育保护为主, 营造水源涵养林, 综合治理崩岗, 加强茶园、桉树林、特色水果林等林园地水土流失治理。
06　第二松花江嫩江源区
主要涉及黑龙江、内蒙古、吉林和辽宁 4 省 (自治区), 是东北生物多样性最为丰富的地区, 森林覆盖率高。加强封育保护, 对农林镶嵌区水土流失进行治理, 做好源区溪沟、河道整治工作。

07 黑河石羊河疏勒河源区	
涉及甘肃和青海两省,是国家重点水源涵养生态功能区,林草覆盖率高,分布有大面积草场。以封育保护和封禁治理为主,建设网围栏,保护草场,综合治理山麓地带水土流失。	
08 额尔齐斯河伊犁河源区	
涉及新疆维吾尔自治区,是重要的水源涵养区,分布有大面积的高山森林和草场。以封育保护为主,建设网围栏,保护草场,大力发展人工刈割草地,加强山麓与绿洲交界的冲洪积带水土流失综合治理。	
09 闽江及抚河信江源区	
涉及福建和江西两省,区域森林覆盖率较高,农林开发水土流失严重。加强森林植被保护,营造水土保持与水源涵养林,实施茶园、柑橘园等林下水土流失综合治理。	

2. 重要水源地水土保持

范围及基本情况:项目范围共涉及 87 个重要水源地,丹江口库区及上游、燕山、桐柏山大别山、新安江等 6 个国家级水土流失重点预防区。水土流失面积 14.48 万 km^2,其中水蚀面积 14.08 万 km^2,风蚀面积 0.40 万 km^2,以轻度水土流失为主。项目涉及的重要水源地多为水库型饮用水水源地,主要位于中东部地区,森林覆盖率平均为 46%,水土流失多发生在村镇及周边垦殖区,面源污染问题较为突出。丹江口库区以及位于桐柏山大别山的水源地,人口相对密集,土地垦殖率较高,水土流失相对严重。

任务:保护和建设以水源涵养林为主的植被,加强远山封育保护,中低山丘陵实施以林草植被建设为主的小流域综合治理,近库(湖、河)及村镇周边建设清洁小流域,滨库(湖、河)

建设植物保护带和湿地，促进重要水源地 15~25 度坡耕地退耕还林还草，减少入河（湖、库）的泥沙及面源污染物，维护水质安全。

规模：近期防治面积 3.29 万 km²，其中预防 2.55 万 km²，治理 0.74 万 km²。远期累计防治总面积 9.38 万 km²，其中预防 7.22 万 km²，治理 2.16 万 km²。

根据水源地保护的迫切性，确定 5 个水源地水土保持工程为近期重点工程（附图 5）。

专栏5：重要水源地水土保持近期重点工程

01　丹江口库区水源地 涉及河南、湖北和陕西 3 省，是南水北调中线工程的水源地。中山地带分布有大面积森林，低山丘陵人口密集，水土流失严重。实施封育保护，营造水源涵养林，人口密集区建设清洁小流域并配套植物过滤带，实施坡改梯及配套坡面水系工程，促进水源地退耕还林还草。
02　燕山太行山水源地 涉及北京、天津、河北、山西 4 省（直辖市），是华北城市群的生态屏障。植被覆盖较高，南水北调中线工程沿线左岸低山丘陵水土流失和山洪灾害严重。进一步加大封育保护力度，推进退耕还林还草工作，建设清洁小流域，加强沟道综合整治和拦沙体系建设，防治山洪泥石流灾害。
03　桐柏山大别山水源地 涉及安徽、湖北和河南 3 省，是我国中部地区多个城市的重要饮用水水源地。中低山区森林覆盖率高，丘陵岗地人口密集，垦殖率高，水土流失相对严重。以封育保护为主，构建以水源涵养林、水土保持林为主的防控体系。实施丘陵岗地坡耕地和坡林地改造，促进水源地退耕还林还草，建设径流集蓄利用工程，发展特色经济林。

04　长白山水源地
涉及黑龙江、辽宁和吉林3省，区域森林覆盖率高，垦殖和林下资源开发产生的水土流失突出。建设水源涵养林和水土保持林，实施农林镶嵌区、坡耕地和侵蚀沟治理，推进退耕还林还草工作。
05　黄山-天目山水源地
涉及安徽和浙江两省，区域森林覆盖率高，沿江地区及盆地人口集中，存在面源污染。山丘区实施小流域综合治理，推进退耕还林还草，建设清洁小流域，减少入库泥沙和农田面源污染。

3. 水蚀风蚀交错区水土保持

范围及基本情况：项目范围主要涉及黄泛平原风沙、燕山、阴山北麓、祁连山-黑河等4个国家级水土流失重点预防区。水土流失面积46.55万 km²，其中水蚀9.98万 km²，风蚀36.57万 km²，水土流失强度以轻度为主。北方农牧交错区暴雨集中，风大沙多，土质疏松，加之垦殖与大规模资源开发影响，植被破坏严重，水蚀风蚀交错，是京津和华北地区沙尘暴的物质来源地。黄泛平原风沙区沙质古河床、沙岗、沙地、泛淤平地和洼地交错分布，低岗地存在水蚀；地表组成物质多为细沙和粉砂土状物，风沙危害大，地表覆盖物一旦破坏极易引起风蚀。

任务：加大生态修复力度，大面积实施封禁治理和管护，保护现有植被和草场，农业区加强农田防护林建设，增强防风固沙功能，治理水土流失严重的坡耕地、侵蚀沟道、沙化土地等，达到减少风沙危害、控制水土流失、保障区域农牧业生产的目的。

规模：近期防治面积2.94万 km²，其中预防2.36万 km²，治理0.58万 km²。远期累计防治总面积7.02万 km²，其中预防5.28万 km²，治理 1.74 万 km²。

根据水蚀风蚀交错区水土流失预防的迫切性，确定 2 个水土保持近期重点工程（附图 6）。

专栏 6：水蚀风蚀交错区水土保持近期重点工程

01　北方农牧交错区
涉及黑龙江、吉林、内蒙古、河北、山西、陕西、宁夏、甘肃 8 省（自治区），区域生态脆弱、水蚀风蚀交错。以封育保护为主，建设网围栏，保护草场，植树种草，促进沙化土地植被恢复，完善农田防护林，综合治理坡耕地和侵蚀沟。
02　黄泛平原风沙区
涉及河南、河北、安徽、江苏和山东 5 省，加强监督管理，保护现有植被，建设滨河滨岸植物带，完善农田防护林网，治理低岗地水蚀，有效控制潜在风蚀危险，保障农业生产。

五、综合治理

坚持"综合治理、因地制宜"。对水土流失地区开展综合治理，坚持以小流域为单元，合理配置工程、林草、耕作等措施，形成综合治理体系，维护和增强区域水土保持功能。适宜治理的水蚀和风蚀地区、绿洲及其周边地区等进行小流域综合治理，坡耕地相对集中区域及侵蚀沟相对密集区域开展专项综合治理。加强综合治理示范区建设。

（一）范围、对象与措施

治理范围：主要包括对大江大河干流、重要支流和湖库淤积影响较大的水土流失区域；造成土地生产力下降，直接影响农业生产和农村生活，需开展土地资源抢救性、保护性治理的区域；涉及革命老区、边疆地区、贫困地区、少数民族聚居区等特定区域；直接威胁生产生活的山洪滑坡泥石流潜在危害区域。

治理对象：指需采取综合治理措施的侵蚀劣地和退化土地，主要包括：坡耕地、石漠化和砂砾化土地、侵蚀沟道、崩岗、"四荒"地、水蚀坡林（园）地、山洪沟道，以及风蚀区和水蚀风蚀交错区的沙化土地、退化草（灌草）地等。

坡耕地是水土流失的主要策源地，侵蚀沟和崩岗是水土流失极其严重的表现，因此在实施小流域综合治理的同时，必须加大坡耕地、侵蚀沟和崩岗的综合整治。

治理措施：包括工程、林草和耕作措施。工程措施主要包括坡改梯、水蚀坡林（园）地整治、沟头防护、雨水集蓄利用、径流排导等坡面治理工程，谷坊、淤地坝、拦沙坝、塘坝等沟道治理工程，翻淤压沙、引水拉沙造地、引洪漫地等土地整治工程，削坡减载、支挡固坡、拦挡工程等崩岗和滑坡防治工程。林草措施主要包括营造水土保持林、经果林、等高植物篱（带）、格网林带，建设人工草地草场，发展复合农林业，开发与利用高效水土保持植物等。耕作措施主要包括垄向区田、等高耕作、网格垄作、免耕少耕、草田轮作、间作套种等。

（二）重点治理项目

以国家级水土流失重点治理区为主要范围，统筹正在实施的水土保持等生态重点工程，考虑老少边穷地区等治理需求迫切、集中连片、水土流失治理程度较低的区域，确定重点区域水土流失综合治理、坡耕地水土流失综合治理、侵蚀沟综合治理以及水土流失综合治理示范区建设 4 个重点项目的范围、任务和规模。

1. 重点区域水土流失综合治理

范围及基本情况：项目范围涉及水土流失面积共 199.81 万 km²，其中水蚀 92.64 万 km²，风蚀 107.17 万 km²，水土流失相对严重。涉及全部国家级水土流失重点治理区。

任务：以小流域为单元，山水田林路综合规划，工程、林草和耕作措施有机结合，沟坡兼治，生态与经济并重，优化水土资源配置，提高土地生产力，发展特色产业，促进农村产业结构调整，持续改善生态，保障区域经济社会可持续发展。

规模：近期治理面积 7.64 万 km^2，远期累计治理面积 23.95 万 km^2。

根据综合治理条件和需求以及先易后难的原则，确定重点区域水土流失综合治理近期重点（附图7）。

专栏7：重点区域水土流失综合治理近期重点

01 东北黑土区
涉及内蒙古、辽宁、吉林和黑龙江4省（自治区）。区域垦殖率高，缓坡耕地多，侵蚀沟切割，黑土流失严重，影响机械化耕作和粮食生产。开展漫川漫岗丘陵水土流失综合治理，以小流域为单元，实施坡改梯、垄向区田、地埂植物带、盲沟鼠洞排水等坡面治理措施，加强沟头防护、谷坊、沟底防冲林、塘坝、切沟填埋整治等侵蚀沟治理，荒山荒坡营造水土保持林和水源涵养林，推行保护性耕作，巩固退耕还林还草成果，推动退耕还林还草继续实施。

02 北方风沙区
涉及内蒙古、甘肃和新疆3省（自治区）。区域降雨稀少，植被覆盖率低，草场退化沙化，绿洲边缘风沙危害严重，生态脆弱。开展沙漠绿洲农区、宁蒙河段及周边山地丘陵（内蒙古部分）水土流失综合治理，保护现有植被和地表覆盖物，完善防风固沙林带和农田防护林网。山麓地带修筑谷坊、拦沙坝、沟道排洪设施，保护和恢复坡面植被。农牧交接地带，推进退耕还林还草，建设人工草地并配套灌溉设施，促进退化草地恢复。加强绿洲农区的灌溉水源地植被保护与建设，风沙危害严重的灌渠两侧建设防风固沙带。

03　北方土石山区

涉及北京、河北、山西、内蒙古、辽宁、山东和河南 7 省（自治区、直辖市）。区域多低山丘陵，植被稀少，水土流失严重。开展西辽河大凌河、太行山燕山、沂蒙山泰山和晋陕豫丘陵阶地（河南部分）水土流失综合治理。沟坡兼治，坡面实施坡改梯配套小型蓄引水工程，荒坡上部营造水土保持林，荒坡下部修筑台田并营造经济林。沟道采取沟头防护、谷坊、塘坝等为主的综合整治措施。城市周边建设清洁小流域。河谷川地营造农田防护林，沙地边缘建设防风固沙林，实行草地封育保护，推进退耕还林还草。

04　西北黄土高原区

涉及山西、内蒙古、陕西、甘肃、青海和宁夏 6 省（自治区）。区域地形破碎，坡陡沟深，水土流失严重，林草覆盖率低，局部地区风蚀危害大。开展黄河多沙粗沙区及十大孔兑、黄河宁蒙河段及周边山地丘陵、甘青黄土高塬丘陵、渭河泾河流域、晋陕豫丘陵阶地（山西陕西部分）、沙漠绿洲农区水土流失综合治理。实施小流域综合治理，加强坡改梯，建设小型蓄引灌设施。加强支毛沟治理，完善拦沙减沙体系，发展沟道坝系农业。荒山荒坡营造水土保持林，远山边山和草场实施封育保护，推动退耕还林还草继续实施。沿河采取围封、人工种植和飞播林草措施，沙地边缘配置沙障，建立防风固沙阻沙体系。

05　南方红壤区

涉及安徽、福建、江西、河南、湖北、湖南、广东、广西、海南 9 省（自治区）。区域以低山丘陵为主，土层瘠薄，降雨量大且集中，陡坡垦殖及农林开发强度大，局部崩岗、石漠化严重，水土流失问题突出。开展鄂豫皖山地丘岗、湘资沅中游、粤闽赣丘陵红壤、岩溶石漠化、海南岛生态旅游区水土流失综合治理。改造坡耕地和坡园地并配套坡面水系工程，实施荒山、荒坡的治理改造，推动退耕还林还草继续实施，发展特色产业。建设谷坊、塘堰等沟道防护体系，营造沟岸防护林。远山边山实施封山育林，局部地区实施崩岗综合整治。

06 西南紫色土区
涉及湖北、湖南、重庆、四川4省（直辖市）。区域以中低山丘陵为主，降水量大且集中，紫色土风化强烈，人口稠密，耕垦率高，面蚀和沟蚀严重，局部石漠化发育。开展三峡库区、嘉陵江沱江中下游、岩溶石漠化和湘资沅中游水土流失综合治理。以小流域为单元，实施坡改梯并配套坡面水系工程，修筑沟道塘堰并配套引灌设施，发展特色林果业，促进和巩固陡坡退耕还林还草，荒山荒坡营造水土保持林。推进库区及上游清洁小流域建设。远山地区封山育林，保护现有植被。
07 西南岩溶区
涉及四川、贵州、云南和广西4省（自治区）。区域以山地为主，沟深坡陡，石漠化发育，耕地资源短缺，工程性缺水问题突出，水土流失严重，局部山洪泥石流灾害频发。开展岩溶石漠化、西南诸河高山峡谷区水土流失综合治理。以小流域为单元进行综合治理，坡度相对较缓的耕地实施坡改梯并配套坡面水系工程，实施封山育林，保护与建设植被，推动退耕还林还草继续实施，充分利用沟道径流和泉水建设蓄引灌设施，治理落水洞，采取拦挡、排导等措施综合整治山洪泥石流沟道。
08 青藏高原区
涉及西藏、青海、甘肃、四川和云南5省（自治区）。区域河谷地带农田多，村镇相对密集，山坡多为灌草地，存在土地沙化现象，沟道山洪泥石流危害大。开展青藏高原河谷农业、甘青黄土高原丘陵、岩溶石漠化、沙漠绿洲农区水土流失综合治理。修筑谷坊、拦沙坝、排导设施治理沟道，沟坡、冲洪积扇采取封禁措施，建设灌溉草地或农田，保护和建设坡面植被，推动退耕还林还草继续实施，田边、路边、渠边、岸边、村庄周边统一规划营造防护林，推进能源替代工程建设。

2. 坡耕地水土流失综合治理

范围及基本情况：项目主要分布在坡耕地分布相对集中、水土流失严重的区域，范围涉及所有国家级水土流失重点治理区，区域坡耕地面积共约 1800 万 hm²。区内耕垦率高，人均耕地相对较少，人口密度较大，人地矛盾突出，坡耕地多且集中，是区域水土流失的主要策源地。

任务：控制水土流失，保护耕地资源，提高土地生产力，巩固和扩大退耕还林还草成果。适宜的坡耕地改造成梯田，配套道路、水系，距离村庄远、坡度较大、土层较薄、缺少水源的坡耕地发展经济林果或种植水土保持林草，禁垦坡度以上的陡坡耕地退耕还林还草。东北黑土区缓坡耕地实施垄向区田、水平梯田、坡式梯田、保土耕作等，配套截排水沟、田间道路和植物埂进行综合治理。

规模：近期综合治理坡耕地面积 160 万 hm²，远期累计综合治理坡耕地面积 492 万 hm²。

根据治理的迫切性、先易后难原则，确定坡耕地水土流失综合治理近期重点（附图 8）。

专栏 8：坡耕地水土流失综合治理近期重点

01　东北黑土区 涉及黑龙江、吉林、辽宁和内蒙古 4 省（自治区），主要位于东北漫川漫岗国家级水土流失重点治理区。
02　北方风沙区 涉及内蒙古和新疆两自治区。
03　北方土石山区 涉及辽宁、内蒙古、河北、山西、河南、北京、山东、安徽、江苏 9 省（自治区、直辖市），主要位于西辽河大凌河中上游、太行山和沂蒙山泰山 3 个国家级水土流失重点治理区。
04　西北黄土高原区 涉及内蒙古、甘肃、宁夏、陕西、山西、青海 6 省（自治区），主要位于黄河多沙粗沙和甘青宁黄土丘陵两个国家级水土流失重点治理区。

05 南方红壤区
涉及安徽、福建、广东、广西、河南、湖南、湖北、江苏、江西、浙江10省（自治区），主要位于湘资沅中游和粤闽赣红壤两个国家级水土流失重点治理区。
06 西南紫色土区
涉及甘肃、湖北、湖南、陕西、四川、重庆6省（直辖市），主要位于三峡库区和嘉陵江及沱江中下游两个国家级水土流失重点治理区。
07 西南岩溶区
涉及广西、贵州、四川、云南4省（自治区），主要位于金沙江下游、西南诸河高山峡谷和滇黔桂岩溶石漠化3个国家级水土流失重点治理区。
08 青藏高原区
涉及青海和西藏两省（自治区）。

3. 侵蚀沟综合治理

范围及基本情况：项目主要分布在东北黑土区、西北黄土高原区和南方红壤区侵蚀沟（崩岗）分布相对密集的区域，范围主要涉及黄河多沙粗沙、甘青宁黄土丘陵、东北漫川漫岗、粤闽赣红壤等8个国家级水土流失重点治理区。区域共涉及侵蚀沟156418条，崩岗234753个。侵蚀沟主要分布在东北黑土区和西北黄土高原区。崩岗主要分布在南方红壤区花岗岩、砂页岩、碎屑岩严重风化的地区。

任务：遏制侵蚀沟发展，保护土地资源，减少入河泥沙。东北黑土区侵蚀沟综合治理重点是修筑沟道谷坊、沟头和沟坡防护工程并建立排水体系，保护耕地，保障粮食生产安全。西北黄土高原区及其他区域侵蚀沟综合治理重点是建设沟头、沟坡防护和沟道拦沙淤地体系，减少入黄泥沙。崩岗综合治理重点是上截、中削、下堵、内外绿化，保护农田和村庄安全，开发土地资源，改善生态。

规模：近期综合治理侵蚀沟 46156 条，总面积 0.73 万 km²；综合治理崩岗 76783 个，总面积 0.07 万 km²。远期累计综合治理侵蚀沟 125648 条，总面积 2.19 万 km²；综合治理崩岗 182826 个，总面积 0.18 万 km²。

根据治理的迫切性、先易后难原则，确定侵蚀沟综合治理近期重点（附图 9）。

专栏 9：侵蚀沟综合治理近期重点

01　东北黑土区 涉及黑龙江、吉林、辽宁和内蒙古 4 省（自治区），区域侵蚀沟 152087 条。区内侵蚀沟多分布在耕地上，切割和蚕食现象严重，影响粮食生产和机械化耕作。结合坡面治理，修筑沟道谷坊、沟头和沟坡防护措施综合治理侵蚀沟。面积小的 V 型沟道采取削坡、填埋，配套跌水及植物等措施。推动退耕还林还草继续实施。
02　西北黄土高原区 涉及甘肃、内蒙古、宁夏、青海、山西、陕西 6 省（自治区），区域侵蚀沟 4331 条。区域沟壑密度大，坡陡沟深、边岸坍塌、沟底下切、沟头前进、蚕食塬面或梁峁坡。修筑塬面塬坡梯田埝地、沟头防护埂，沟坡大力营造水土保持林，支毛沟修筑谷坊和防冲林，主沟道修建淤地坝，建设坝系并配套小型蓄引水设施。推动退耕还林还草继续实施。
03　南方红壤区 涉及安徽、福建、广东、广西、湖北、湖南、江西 7 省（自治区），区域崩岗 234753 个。区内岩石风化严重，在强降水条件下，沟壁坍塌、沟头前进、山体崩落，淤埋农田和村庄等。工程与植物措施相结合，建立上拦、下堵、中削、内外绿化的崩岗综合治理体系。推动退耕还林还草继续实施。

4. 水土流失综合治理示范区建设

（1）水土保持生态文明建设示范区

示范范围：选择具有典型代表性、治理基础好、示范效果好、辐射范围大的区域。重点考虑水土保持生态文明工程所在区域。

建设任务和规模：维护和提高所在区域的水土保持功能，突出区域特色，注重农业产业结构调整和农业综合生产能力提高，在现有治理状况的基础上，吸纳实用先进、适应于本区域的水土保持技术，进行科学合理的组装配套，形成具有推广带动效应的示范区。规划示范区 104 个（附图 7），每个示范区水土流失综合治理面积不小于 200km^2。

（2）高效水土保持植物资源利用示范区（园）

规划任务：根据总体布局，遵循适地适树（草）以及生态建设与产业开发相结合的原则，充分考虑当地水土保持植物资源利用及产业化发展状况，选定可开发利用的树种草种，建设水土保持植物资源利用示范园区，示范引导和培育主导产业，以点带面，促进农民增收和区域经济社会发展。

示范工程：开展有关高效植物的种植、加工和产业配套等示范工程建设，逐步推广到区域水土流失重点治理工程，提高水土保持生态工程的经济效益，吸引群众和社会力量参与水土保持（附图 7）。

六、综合监管

以贯彻实施水土保持法为重点，加强水土保持监督管理、动态监测和能力建设，有效控制人为水土流失，实现动态实时监控，不断提高水土流失防治水平和效益，提升政府公共服务及社会管理能力。

（一）监督管理

加强水土保持规划相关工作的监管：县级以上地方人民政府

应落实水土流失重点预防区和重点治理区划分并予以公告，同时制定相应管理制度。建立完善水土流失状况定期调查和公告制度。根据水土保持规划确定的其他水土流失易发区划分条件，进一步落实划定。跟踪检查水土保持规划编制和实施情况。研究建立水土保持生态红线指标体系及相应管理制度，以及基础设施建设、矿产资源开发、城镇建设、公共服务设施建设等相关规划征求水土保持意见制度。

加强水土流失预防工作的监管：县级以上地方人民政府开展崩塌滑坡危险区和泥石流易发区的划定和公告。制定禁止取土挖砂采石、陡坡地开垦种植、铲草皮和挖树兜等行为的监控制度。制定山区丘陵区水土流失严重以及生态脆弱区以及其他水土流失易发区管理制度。研究制定生产建设项目或活动的禁止和限制条件，健全生产建设项目水土保持方案编报、审批和设施验收等制度。

加强水土流失治理情况的监管：建立完善水土保持重点工程建设、管理情况的跟踪检查和监测评价等监管制度。加强对地方各级政府水土流失治理任务完成情况的监督检查。进一步完善生产建设项目水土保持补偿费征收和使用管理办法，制定鼓励公众参与治理的有关办法。

加强水土保持监测的监管：加强各级地方政府水土保持监测经费落实情况的监督检查。完善水土流失动态监测及公告制度、生产建设项目水土流失监测结果定期上报制度。

加强水土保持监督检查情况的监管：研究建立执法督查程序化及违法行为查处追究制度。

专栏10：水土保持重点监管制度建设

---

01 规划管理制度

制定水土流失重点预防区和重点治理区管理办法；建立水土流失重点预防区和重点治理区复核调整制度；建立规划跟踪督查制度；研究水土保持生态红线管控指标体系；建立水土保持相关规划征求意见制度和社会监督制度；建立规划实施的定期评估制度。

---

02 工程建设管理制度

完善规划设计技术标准和技术审查规定；完善水土保持重点工程建设投入机制与管理制度；完善工程建设招投标、监理、公众参与、村民自建等制度；完善建成水土保持设施管护制度。

---

03 生产建设项目监管制度

制定水土保持监察、督导、检查及处理等管理制度；完善水土保持方案管理办法，制定分类管理名录，健全水土保持方案编报、审批、设施验收等制度；建立水土流失危害索赔制度。

---

04 监测评价制度

推动水土保持监测机构政府公益性质及其职责的确定；完善水土流失动态监测及公告制度、生产建设项目水土流失监测结果定期上报制度；研究制定水土保持监测评价制度。

---

05 水土保持目标责任制和考核奖惩制度

开展水土保持目标责任制和考核奖惩制度调研，从水土保持规划实施、水土保持投入及防治任务完成、生产建设项目水土保持监管等方面，提出考核指标与办法以及奖惩制度实施意见。

---

06 水土保持生态补偿及水土保持补偿制度

开展水土保持生态补偿制度调研，提出资源富集地区资源开发水土保持补偿方案，推动国家水土保持生态补偿制度形成和完善；进一步完善生产建设项目水土保持补偿费征收和使用管理办法。

（二）动态监测

水土保持普查和专项调查：定期开展水土保持普查，调查水土流失强度和分布状况、水土保持措施的保存情况等；对侵蚀沟、黄土高原淤地坝、崩岗等进行专项调查。

水土流失重点预防区和重点治理区监测：采用遥感、地面观测和抽样调查相结合的方法，对水土流失重点预防区和重点治理区进行监测，综合评价区域水土流失强度和分布状况、治理措施动态变化。水土流失重点预防区和重点治理区监测每年开展一次。

水土流失定位观测：布设小流域控制站和坡面径流场等监测点，开展水土流失影响因子及土壤流失量等常年持续性观测。

水土保持重点工程效益监测：采用定位观测和典型调查相结合的方法，对水土保持工程的实施情况进行监测，分析评价工程建设的社会、经济和生态效益。

生产建设项目水土保持监测：监测生产建设项目扰动地表状况、水土流失状况等，全面反映生产建设项目水土流失影响及防治情况。

专栏11：水土保持监测重点项目

01　全国水土保持普查
定期开展全国水土保持普查。查清全国土壤侵蚀现状和全国水土保持措施现状，更新全国水土保持基础数据库。
02　全国水土流失动态监测与公告项目
开展国家级水土流失重点预防区和重点治理区监测及水土保持监测点定位观测，掌握区域水土流失变化情况，评价水土流失综合治理效益，发布年度水土保持公报。

03 重要支流水土保持监测
在七大流域选择水土流失和治理措施具有代表性的 51 条一级支流开展水土保持监测,掌握江河流域土壤侵蚀、水土保持措施和河流水沙变化情况,为流域生态建设提供决策依据。
04 生产建设项目集中区水土保持监测
选择面积大于 1 万 km² 、生产建设活动较集中和频繁、扰动地表和破坏植被面积较大、水土流失危害严重的区域开展监测,反映生产建设项目对区域生态环境的影响及破坏程度。

(三) 能力建设

监管能力建设:在完善监管制度和落实各级水土保持机构监管任务的基础上,开展水土保持监督、执法人员定期培训与考核,研究制定监管能力标准化建设方案。以全过程监管为核心,加强政务公开,增加监管透明度,提高实时即时监控和处置能力,有效管控生产建设项目水土保持的设计、施工、监测、监理、验收评估等市场行为。国家着力抓好流域机构的监管能力建设,配套调查取证等执法装备。

监测能力建设:完善水土保持监测技术标准体系,加强监测技术人员的培训。按照区域代表性、密度适中的原则,完善水土保持监测网络。开展水土保持监测机构、监测站点标准化建设,从设施、设备、人员、经费等方面完善水土保持监测网络体系。

科技支撑能力建设:加强关键技术研究,包括降雨径流调控与高效利用、水土流失区植被快速恢复与生态修复、坡耕地与侵蚀沟水土资源保护和高效利用、清洁小流域高效构建等关键技术的研发。推广水土保持农业技术体系、坡耕地综合整治技术体系、面源污染综合防治与环境整治技术体系等应用技术。加强科技示范园建设，增强技术示范、成果推广和科普宣教的综合效应。

社会服务能力建设：规范行业协会或资质管理部门服务行为，加强从业人员技术与知识更新培训，提高服务水平，提升行业协会技术服务能力。不断加大国际交流力度，提高我国水土保持总体水平和国际影响力。

宣传教育能力建设：强化水土保持宣传，建设和完善宣传教育平台，充分利用网络新技术，向社会公众方便迅捷提供水土保持信息。加强水土保持人才培养，提高水土保持人员业务素质，增强广大人民群众水土保持意识。

信息化建设：依托国家及水利行业信息网络资源，统筹现有水土保持基础信息资源，建成互联互通、资源共享的全国水土保持信息平台，推进预防监督的"天、地一体化"动态监控，综合治理"图斑"的精细化管理，监测工作的即时动态采集与分析，建成面向社会公众的信息服务体系。

专栏 12：水土保持信息化重点建设内容

01　国家水土保持基础信息平台
主要包括建立小流域基础数据库、完善数据采集设施设备、加强数据存储、完善信息传输网络系统、开发信息共享与服务平台等，实现水土保持信息网络的互联互通。
02　水土保持综合监督管理信息系统
主要包括水土保持预防监督管理系统、国家重点治理工程项目管理系统、水土保持规划协作系统、水土保持高效植物资源管理系统、水土保持科研协作支撑系统等建设内容。

七、保障措施

(一) 加强组织领导

各级政府要把水土保持作为建设生态文明的具体实践，切实加强领导，健全组织协调机构，实施好《全国水土保持规划》。地方各级政府根据《全国水土保持规划》确定的工作目标和任务，结合地方实际情况，组织编制相应规划并纳入本级国民经济和社会发展规划，协调各有关部门，开展好植树造林、防沙治沙、石漠化治理、退耕还林还草、草原草场管理、高标准农田建设、基本农田保护与管理、保护性耕作推广、山地灾害防治、土地整治等相关工作，整合项目与资金，提高投资效益。国务院有关部门要按照职责分工，各司其职、强化责任、加强沟通、通力合作，重点做好国家级水土流失重点预防区和重点治理区的综合防治，抓好任务落实和监督检查。

(二) 健全法规体系

按照十八届四中全会推进依法治国的要求，贯彻落实水土保持法，建立健全水土保持法律法规体系和制度。地方各级人民政府要结合地区实际，出台水土保持法实施条例或实施办法，完成配套规章和规范性文件的修订工作。

经济社会发展和生产建设活动要严格执行水土保持有关法律法规。要落实基础设施建设、矿产资源开发、城镇建设、公共服务设施建设等规划的水土保持要求和措施。依法编报生产建设项目水土保持方案，认真落实水土保持设施与主体工程同时设计、同时施工、同时投产使用。加大执法力度，强化监督检查，坚决查处违法违规行为，严控人为水土流失和生态破坏。

（三）加大投入力度

各级政府继续支持水土保持，逐步建立并完善与经济社会发展水平相适应的水土保持投入机制，拓宽资金渠道。取消西部地区县以下（含县）以及集中连片特殊困难地区市地级配套资金。做好水土保持补偿费征收和使用管理。鼓励和引导社会资本参与水土流失治理，落实有关税收优惠，并在资金、技术等方面予以扶持。争取利用国际组织或机构以及双边或多边合作的贷款和赠款，探索利用碳汇交易机制，增加水土保持投入。

（四）创新体制机制

在水土流失重点预防区和重点治理区，逐步建立和完善地方各级人民政府水土保持目标责任制和考核奖惩制度。健全水土流失监测评估体系，为依法落实政府水土保持目标责任制和考核奖惩提供有力支撑。在水土流失地区，鼓励社会力量通过承包、租赁、股份合作等多种形式参与水土保持工程建设。培育和完善水土保持社会化服务体系，大力推动政府购买服务。推进国家水土保持生态文明工程建设，调动地方政府和群众参与水土保持的积极性和主动性。

（五）依靠科技进步

各级政府要重视水土保持科技工作，支持水土保持学科发展和产学研体系建设，强化技术培训和人才培养，围绕水土流失机理、防控原理和技术、动态监测技术、信息化技术等方面的应用基础研究，组织科技攻关，支持科技创新。不断加大水土保持科技投入力度，在水土保持项目经费中，确定一定比例的资金用于技术示范与推广，提高治理项目的科技含量和水平。加强交流与合作，引进和推广国内外先进技术。

（六）强化宣传教育

要加强水土保持宣传，充分发挥新闻媒体作用，营造良好的水土保持生态建设氛围。加强水土保持高等教育及学科建设，发展职业教育和继续教育。把水土保持教育纳入国民教育体系，提高全民的水土保持法制观念和生态文明意识。

附表1　分省（自治区、直辖市）水土流失治理规模（略）

附表2　全国水土保持区划成果（略）

附表3　国家级水土流失重点预防区复核划分成果（略）

附表4　国家级水土流失重点治理区复核划分成果（略）

附图1　全国水土流失现状图（略）

附图2　全国水土保持区划图（略）

附图3　国家级水土流失重点预防和重点治理区复核划分图（略）

附图4　重要江河源头区水土保持项目分布图（略）

附图5　重要水源地水土保持项目分布图（略）

附图6　水蚀风蚀交错区水土保持项目分布图（略）

附图7　重点区域水土流失综合治理项目及综合治理示范区分布图（略）

附图8　坡耕地水土流失综合治理项目分布图（略）

附图9　侵蚀沟综合治理项目分布图（略）

附图10　全国水土保持监测点分布图（略）

全国水土保持科技发展规划纲要

水利部关于印发

《全国水土保持科技发展规划纲要》的通知

水保〔2008〕361号

各流域机构，各省、自治区、直辖市水利（水务）厅（局），各计划单列市水利（水务）局，新疆生产建设兵团水利局：

为推动水土保持科技事业发展，进一步提升水土保持科技贡献率，根据《国家中长期科学和技术发展规划纲要（2006—2020年）》和《水利科技发展规划（2001—2010）》，水利部组织编制了《全国水土保持科技发展规划纲要》，现印发给你们，请结合本地区、本部门的实际贯彻执行。

中华人民共和国水利部

2008年9月8日

水土资源是人类生存和发展的基本条件。我国人口众多，水土资源短缺，生态环境问题严重，全国水土流失面积356万平方公里，占国土总面积的37%，平均每年土壤流失量50亿吨。近50年来，因水土流失损失的耕地达5000多万亩，平均每年约100万亩。以2000年数据分析，当年水土流失造成的经济损失在2000

亿元以上，约占当年全国 GDP 的 2.25%。水土流失严重地区多位于大江大河的中上游地区和水源区，是我国生态环境脆弱、经济发展滞后的地区。在我国诸多生态环境问题中，水土流失涉及范围广、影响大、危害重，是生态恶化的集中反映，已成为制约经济社会可持续发展和构建和谐社会的重大环境问题之一。因此，水土保持是促进人与自然和谐、保障国家生态安全与可持续发展的一项长期的战略任务。

党的十七大已明确把加快科学技术的发展，建设创新型国家、建设生态文明、建设资源节约型和环境友好型社会，作为今后我国发展的重要战略目标。为了贯彻落实党的十七大精神，充分发挥"科学技术是第一生产力"的作用，进一步提升水土保持科技贡献率，推动水土保持工作再上新台阶，以水土资源的可持续利用和生态环境的可持续维护，促进经济社会的可持续发展，根据国务院制定的《国家中长期科学和技术发展规划纲要（2006—2020 年）》和水利部制定的《水利科技发展规划（2001—2010）》，组织编制了本规划纲要。

一、水土保持科技现状与发展趋势

（一）水土保持科技发展现状

经过半个多世纪的努力，我国水土保持逐步发展成为一门独立的学科，基本确立了水土保持在我国科学体系中的学科地位：

1. 初步形成了水土保持基础理论体系。通过长期水土流失治理实践、试验研究、观察和测试，摸清了中国水土流失的基本规律，提出了土壤侵蚀分类系统，建立了以土壤侵蚀学、流域生态与管理科学、区域水土保持科学为基础的中国水土保持理论体系。

2. 建立了一批小流域水土流失综合治理样板，总结出比较完整的小流域水土流失综合治理理论与技术体系。基本建立起适应不同地区、不同地理环境、不同土壤侵蚀类型的水土流失防治方法、模式和技术措施，逐步形成了以小流域为单元，合理利用水土资源，各项工程措施、生物措施和农业技术措施优化配置的综合技术体系。

3. 初步建立起水土流失观测与监测站网。在不同类型区建立起一些小区、小流域及流域等不同空间尺度的监测站点，开展了水蚀、风蚀、重力侵蚀、冻融侵蚀等不同形态和侵蚀作用力的水土流失观测。开始建立全国水土保持监测网络和信息系统，信息收集和整编能力不断提高，为水土保持科研和宏观决策提供了基础数据。

4. 建立了较为完善的水土保持技术标准体系。已颁布实施的技术标准涵盖了水土保持规划设计、综合治理、生态修复、竣工验收、效益计算、工程管护、监测评价、信息管理等各个方面，基本上形成了比较完整的水土保持技术标准体系，为实现科学化、规范化管理提供了技术保障。

5. 初步构建了水土保持科学研究与教育体系。在服务生产的过程中，水土保持科研和教育队伍不断壮大，从业人员不断增多，科研实验和观测手段不断完善。目前，全国专门从事水土保持科研或以水土保持为主的相关科研机构达53个，水土保持科研人员4000多人。水土保持高等教育稳步发展，全国设有水土保持、荒漠化防治等相关专业的大专院校达19所，有40所大学和研究机构开展水土保持专业研究生教育，现有博士点9个，硕士点34个，每年培养一大批高级专门人才。

（二）水土保持科技发展趋势

水土保持科学的重点是研究水土流失地区水土资源与环境演化规律及各要素之间相互作用过程，建立土壤侵蚀综合防治理论和技术体系，促进人与自然的和谐和经济社会可持续发展。世界环发大会和 21 世纪议程均将土壤侵蚀防治列为优先发展领域。许多国家都十分重视水土保持与生态环境保护工作，投入了大量的人力、物力和财力开展土壤侵蚀和水土资源保护研究，取得了一系列成就，分析近年来国外水土保持学科发展动态，可概括为以下几个方面：

1. 注重土壤侵蚀机理研究。建立土壤侵蚀预报模型，强调开发水土保持生态环境效应评价模型，扩展土壤侵蚀模型的服务功能，将模型引入农业非点源污染物的运移机理与预报研究。以美国、英国等为代表的西方发达国家先后研发了通用土壤流失方程（RUSLE2.0），土壤侵蚀预报的物理模型，如 WEPP、EUROSEM、LISEM、GUEST、WEPS 等。

2. 注重研究手段革新。应用空间技术和信息技术，推动水土保持的数字化研究；美国等发达国家，利用高分辨率的遥感对地观测技术、计算机网络技术和强大的数据处理能力，开展了全球尺度的土壤侵蚀与全球变化关系研究。利用核素示踪技术和径流泥沙含量与流量在线实时自动测量等新技术，使得对土壤侵蚀和水土保持过程的描述更加精细，水土保持科学逐步向精确科学发展。

3. 水土保持的理念不断深化，多学科交叉的趋势明显。将水土保持与环境保护、江河污染和全球气候变化，水土保持与提高土地生产力、区域生态修复、环境整治，水土保持与水利工程安全、地质灾害等联系起来开展多学科交叉研究，不但深化了水土保持的理念，开拓了水土保持的研究领域，而且提高了水土保持在国家经济、社会可持续发展中的地位与价值。

4. 注重生态系统健康评价与生态修复的研究。近年来世界各国纷纷出台有关生态保护、生态建设的政策，并组织科研机构和专业人员进行系统研究。2005 年在西班牙召开的第 17 届国际恢复生态学大会和第 4 届欧洲恢复生态学大会，标志着恢复生态学的研究重心由北美开始向世界拓展。当前生态系统修复研究最受关注的问题是生态系统健康学说，主要包括从短期到长期的时间尺度、从局部到区域空间尺度的社会系统、经济系统和自然系统的功能，从区域到全球胁迫下的地球环境与生命过程。其目标是保护和增强区域甚至地球环境容量及恢复力，维持其生产力并保持地球环境为人类服务的功能。

5. 注重流域水土资源开发与保护，将水土流失治理与河流健康相结合。自上世纪 80 年代在欧洲和北美，人们开始反思水土流失治理与河流保护问题。人们认识到河流是系统生命的载体；不仅要关注河流的资源功能，还要关注河流的生态功能。许多国家通过制定、修改水法和环境保护法，加强河流的环境评估，以实现水土等自然资源的合理经营及河流的服务功能。

6. 注重水土保持与全球气候变化研究。全球气候变化是世界各国高度关注的问题，投入了大量人力、物力用于研究应对策略。其中，植树种草引起的土地覆被变化（碳循环变化），土壤侵蚀和泥沙搬运引起的土壤有机碳的变化，进而与全球生源要素（C、N、P、S）循环乃至全球气候变化的耦合关系等已成为国内外研究的热点问题。

（三）新时期水土保持科技面临的机遇和挑战

21世纪，我国已进入全面建设小康社会、加快推进现代化建设的新阶段。党的十七大明确提出"建设生态文明、基本形成节约能源资源和保护生态环境的产业结构、增长方式、消费模式"的战略目标。治理水土流失、改善生态环境已成为全社会广泛关注的热点，我国水土保持生态建设和科技事业的发展面临着千载难逢的机遇。

同时，我国地域广阔、生物气候与土地利用类型多样，人地矛盾突出，长期的土地不合理利用，造成严重的土壤侵蚀。特别是工业化和城市化过程中，新的人为水土流失情况还会不断发生。我国的水土流失已成为生态环境建设方面最突出的问题之一，保护水土资源任重道远。水土保持科技面临诸多挑战，突出的问题是：

1. 我国水土保持科学研究机构和队伍不稳定，缺乏全国性组织协调机构，难以组织和协调多部门开展水土保持重大基础理论与关键技术联合攻关，提高研究实效性。

2. 科学研究与示范推广经费投入严重不足，与新时期国家大规模的水土流失治理、生态建设工程对水土保持重大基础理论与关键技术支撑的要求不相适应。

3. 水土保持监测站网与监测技术、监测标准尚不完善，已有的监测数据完整性与可比性差，且使用效率低、缺乏数据共享的机制，严重制约水土保持科学的发展。

4. 水土保持科研、教学机构受体制与投入机制等深层次问题的影响，造成科学研究与生产实践需求脱离，一方面大量研究成果难以转化，另一方面水土流失治理缺乏有效的科技支撑。

二、水土保持科技发展指导思想及目标任务

（一）指导思想

以科学发展观为指导，坚持以人为本，以建设资源节约型和环境友好型社会，服务国家生态安全、粮食安全、防洪安全和饮水安全为目标，全面提升我国水土保持科学研究水平，解决国家水土流失治理与生态建设中重大科技问题，以自主创新、重点跨越、支撑生态建设为重点，强化水土保持若干重大基础理论与关键技术研究，为国家宏观决策和区域土壤侵蚀防治提供科技支撑，全面推动水土保持科技发展，防止新的水土流失，逐步减缓现有水土流失强度，减少水土流失面积，促进水土资源的可持续利用和生态环境的可持续维护。

（二）基本原则

1. 面向实际，理论研究与生产实践相结合

从生产实践的紧迫需求出发，紧紧围绕生态环境保护与建设，结合水土保持重点治理工程，特别是国家重点项目，研究解决重大关键性技术问题。坚持理论研究与技术推广应用相结合，公益性研究与市场化开发相结合，生态、经济、社会效益相结合，不断提高科技成果的转化率。

2. 重点突破，长远目标和近期目标相结合

水土保持科研领域面临着许多重大的理论问题和实际问题，要坚持有所为、有所不为。实施重点跨越，优选一批对水土保持生态建设影响重大的项目，集中力量，攻破难点。同时，依据水土保持学科发展与国家土壤侵蚀治理的需求和国家投入能力的客观实际，将近期目标与长远目标相结合。超前部署前沿技术和基础研究，引领科学研究的前沿，推动水土保持学科发展与水土保持工作。

3. 兼收并蓄，集成创新与引进吸收相结合

根据我国土壤侵蚀的特点，研究探索具有创新性的治理途径，特别要倡导原始创新、集成创新、引进吸收和消化再创新。广泛研究和应用推广水土保持新材料、新技术、新工艺，提高水土保持的科技含量和创新内容。在自主创新的同时，积极引进、吸收和消化国际水土保持与生态建设的最新科学理论与研究成果，开创具有中国特色的水土保持科技新领域。

4. 注重成效，实用技术开发与高新技术应用并举

水土保持既是一门传统行业，也是一门应用性极强的学科。一方面注重实用性强、易接受、投入少、成本低、见效快的实用技术的开发、集成与传统工艺的改造；另一方面要跟踪高新技术的发展，为水土流失治理提供全新的技术手段，拓宽治理的途径，提高治理的速度与效益。

（三）目标及任务

目标：到 2020 年，建立一个较为完备的集国家、地方与企业为一体的水土保持科学研究体系；建设一批集土壤侵蚀监测、科学研究、试验示范、人才培养、科学普及为一体，高水平的水土保持科技园区和一批小流域综合治理示范样板；在土壤侵蚀预报模型、数字水土保持、退化生态系统的修复机理研究与技术研发等方面取得突破，形成具有中国特色的水土保持理论与技术体系；水土保持与生态建设队伍自主创新能力显著增强，培养和凝聚一批优秀科技人才。为我国进入创新型国家行列，在本世纪中叶达到中等发达国家水平，提供水土保持科技支撑。近期，经过 5-10 年的努力，构建水土保持科技示范与推广、监测评价两大体系和国家基础理论研究、水土保持科技协作和国家水土保持科学决策

与工程设计支撑三大平台，在水土保持重大基础理论和关键技术研发、应用等方面取得突破。

主要任务是：

1. 强化基础理论研究，初步建立国家土壤侵蚀评价与预报模型；

2. 加强应用技术攻关，关键实用技术研究取得突破，完善水土流失综合防治技术体系；

3. 开展水土保持数字化工程建设，构建水土保持决策支撑平台；

4. 强化科技合作，建设水土保持科技协作平台；

5. 加强水土保持科技成果转化，建设水土保持科学园区与科技示范推广体系，提高科技贡献率；

6. 加强技术的标准化体系建设。

三、水土保持科技重点研究领域

（一）重大基础理论

1. 土壤侵蚀动力学机制及其过程

应用力学与能量学经典理论与研究方法，研究土壤侵蚀过程及其侵蚀力、抗蚀力的演变、能量传递与作用机制，全面揭示土壤侵蚀的过程与机制。

近期研究的重点：水力侵蚀过程与动力学机理，风力侵蚀过程与动力学机制，重力侵蚀，如滑坡、泥石流与崩岗等发生机理，人为侵蚀与特殊侵蚀过程机制。

2. 土壤侵蚀预测预报及评价模型研究

用数学方法定量描述各个因子对土壤侵蚀的影响，以及侵蚀过程，最终预报土壤流失量。

近期研究的重点：土壤侵蚀因子定量评价，坡面水蚀预测预报模型，小流域分布式水蚀预测预报模型，风蚀预测预报模型，区域土壤侵蚀预测评价模型，农业非点源污染模型，滑坡、泥石流预警预报模型，多尺度土壤侵蚀预测、预报及评价模型，以及各类预报模型的适用范围及效果评价。

3. 土壤侵蚀区退化生态系统植被恢复机制及关键技术

不同类型区生态系统植被退化的类型及成因，不同类型区退化生态系统植被恢复机制和途径及近自然恢复程度。

近期研究的重点为：不同类型区植被自然恢复过程人工干预的条件和技术，不同类型区植被潜力、稳定性维持机制，不同区域植被区系与生态环境因子耦合关系，不同区域植被的生态功能评价技术、不同类型区植被建设的区域布局和不同尺度的景观格局及其对生态系统间相互关系的影响。

4. 水土流失与水土保持效益、环境影响评价

长时期和大范围的土壤侵蚀，以及长期开展和正在实施的重大生态建设工程，对环境构成多方面的深刻影响，使得水土保持和土地利用活动成为侵蚀地区现代环境发展演化的主要驱动力之一。分析揭示水土流失、水土保持对本地、异地区域环境过程和环境要素的影响，为区域社会经济持续发展和进一步的水土保持决策提供支持。

近期研究的重点：水土流失与水土保持对环境要素和环境过程影响的研究，水土保持效益、环境影响评价指标与模型，土壤侵蚀与全球变化关系。

5. 水土保持措施防蚀机理及适用性评价研究

我国水土保持历史悠久，水土流失治理措施丰富多样，系统

分析总结各地区水土保持措施，阐明各种措施的防蚀机理与适用区域，对指导我国生态建设，以及丰富世界水土保持措施知识库具有重要作用。

近期研究的重点：水土保持措施防蚀机理，水土保持措施适用性评价，水土保持措施效益分析。

6. 流域生态经济系统演变过程和水土保持措施配置

流域是相对完整的自然单元，它既是地表径流泥沙汇集输移的基本单元，也是水土保持措施配置的单元。根据流域土壤侵蚀、水土资源的时空分异规律，综合布设各种治理措施。研究小流域尺度的土壤侵蚀过程、土壤侵蚀治理过程及两者共同驱动下的生态经济系统演替过程，是土壤侵蚀与水土保持学科的重要组成部分。

近期研究的重点：小流域土壤侵蚀及其环境演化过程研究，侵蚀-治理双向驱动下小流域生态系统结构与功能研究，小流域水土保持措施配置和流域健康诊断，数字流域及其流域过程模拟。

7. 区域水土流失治理标准与容许土壤流失量研究

水土流失治理目标已从单一维护土地生产力转向保护侵蚀区生态环境、减少非侵蚀区的损失等多目标并重。区域水土流失治理标准与容许土壤流失量、水土流失危险性程度、土壤可改良程度、社会经济发展水平、环境质量要求等紧密相关。

近期研究重点：影响区域水土流失治理标准的因素及其定量计算方法，区域水土流失治理标准分级系统与计算方法，容许土壤流失量的影响因素及其定量计算方法等。

8. 水土保持社会经济学研究

水土流失和水土保持都是与一定社会经济条件相联系的，随着经济社会的发展，水土保持与人类文明的关系愈来愈密切。应在研究自然科学方法和手段的同时，加强水土保持与社会经济、法律、道德伦理、文化、管理体制等人文和社会经济学方面的研究。

近期研究重点：水土流失和社会经济发展的关系，社会经济政策对水土保持的影响，水土保持对社会经济发展的贡献，不同区域的人口承载力，人口、土地利用结构对水土流失的影响。

9. 水土保持生态效益补偿机制

水土流失不仅造成上游流失区土地退化，生态恶化，制约经济的持续发展，更严重危害流域中下游地区生态、防洪安全。限制上游地区的一些生产经营行为与规模，保护生态，以及通过经济补偿的形式解决上游地区人们的生存与发展问题，愈来愈成为人们普遍关注的热点。

近期研究重点：水土流失区土地生态经济功能分区、评价模式，水土保持与流域防洪减灾的关系，水土保持生态效益补偿标准及其补偿机制。

10. 水土保持与全球气候变化的耦合关系及评价模型

人类活动引起全球气候变化加剧，造成灾害性天气频发，影响人类经济与社会发展结论已被科技界研究证实，并日益引起世界各国政府的高度关注。水土流失与水土保持改变下垫面，影响全球碳循环，引起气候的变化，同时全球气候的变化也会影响区域水土流失强度与水土保持的效果。

近期研究重点：水土流失、水土保持与全球气候变化的内在联系、评价指标与标准，全球气候变化对区域水土流失、水土保持造成的影响，水土保持与全球气候变化的耦合关系及其评价模型。

（二）关键技术

1. 水土流失区林草植被快速恢复与生态修复关键技术

针对我国目前土壤侵蚀区区域植被结构不尽合理，林草措施成活率与保存率低，植被生产力及经济效益不高等问题，应加强区域植被快速建造与持续高效生产方面的研究。主要有：高效、抗逆性速生林草种选育与快速繁殖技术，林草植被抗旱营造与适度开发利用技术，林草植被立体配置模式与丰产经营利用技术，特殊类型区植被的营造及更新改造与综合利用技术，不同类型区生态自我恢复的生物学基础与促进恢复技术，生物能源物种的筛选与水土保持栽培管理技术，经济与生态兼营型林、灌、草种的选育与栽培技术，小流域农林复合经营技术。

2. 降雨地表径流调控与高效利用技术

水土流失是水与土两种资源的流失，"水"既是水土流失的动力，又是流失的对象。在当前水资源十分紧缺的形势下，更应切实保护和高效利用水资源。要通过汇集、疏导地表径流等措施使"水"、"土"两种资源更有效地结合，提高利用率。需要研究的关键技术有：降雨——地表径流资源利用潜力分析与计算方法，降雨径流安全集蓄共性技术，降雨径流网络化利用技术，降雨地表径流高效利用的配套设备。

3. 水土流失区面源污染控制与环境整治技术

水土流失是面源污染的载体，流失的水体和土壤携带的大量氮素、磷素、农药等物质，是下游河湖、水库面源污染物的主要来源。水土保持应与提供清洁水源和环境整治相结合，在改善当地生产条件、提高农民生活水平的同时，控制面源污染，保障城乡饮用水安全。需要研究和开发的关键技术有：氮磷流失过程及其综合调控技术，流失养分的局域多层空间综合防治措施优化配置调控技术，水源地面源污染防治技术，农村饮用水源的生态保护与生活排水处理技术，生态清洁型小流域建设技术，流域尺度面源污染防治措施及控制技术体系，土壤侵蚀区农村生态家园规划方法及景观设计技术，土壤侵蚀区农村环境整治与山水林田路立体绿化技术。

4. 开发建设项目与城市水土流失防治技术

新时期，随着我国经济社会快速发展，工业化、城市化步伐的加快，开发建设项目和城市建设过程中人为造成新的水土流失防治的关键技术研究十分迫切。主要有：不同下垫面开发建设项目弃土弃渣土壤流失形式、流失量及危害性评价，城市土壤侵蚀特点、流失规律、危害与防治对策，开发建设项目与城市土壤侵蚀综合防治规划与景观设计，开发建设严重扰动区植被快速营造模式与技术，不同类型区开发建设项目水土保持治理模式与技术标准。

5. 水土流失试验方法与动态监测技术

长期以来作为研究工作基础的土壤侵蚀实地试验观测和动态监测工作还比较薄弱，亟待加强。同时，监测体系刚刚建立，各地开展监测的内容、技术和方法不一，观测资料难以统一分析和对比。亟需加强的关键技术研究有：区域水土流失快速调查技术，坡面和小流域水土流失观测设施设备，沟蚀过程与流失量测验技术，风蚀测验技术，滑坡和泥石流预测方法与观测设备，冻融侵蚀监测方法，水土流失测验数据整编与数据库建设，全国水蚀区小流域划分及其数据库建设，水土保持生态项目管理数据库建设等。

6. 坡耕地与侵蚀沟水土综合整治技术

坡耕地改造是改变微地貌、有效遏制水土流失的关键技术。研究重点是：不同类型区高标准梯田、路网、水系合理布局与建造技术，不同生态类型区坡地改造与耕作机具的研制与开发，梯地快速培肥与优化利用技术。

沟壑整治与沟道治理开发是水土保持主要措施之一。研究重点：坝系合理安全布局、设计与建造技术，沟壑综合防治开发利用技术，淤地培育与提高利用率技术，泥石流、滑坡、崩岗综合防治技术。

7. 水土保持农业技术措施

缓坡耕地将在我国一定时期内的农业生产中长期存在，大量坡耕地的存在又是我国土壤侵蚀的主要策源地，在农牧交错区、黑土区、以及土层极薄的土石山区，由于受地形和投入等因素的限制，大量坡耕地难以通过基本农田建设及时加以改造。因而，亟需加强水土保持保护性耕作、保护性栽培、管理等关键技术研发。主要有：水土保持土地整治与带状种植模式技术，缓坡耕地水土保持保护性耕作机具研究，不同作物水土保持保护性耕作专用技术与模式，免耕、等高耕作技术。

8. 水土保持数字化技术

水土保持数字化是数字地球思想及其技术在水土保持领域的应用与发展。"水土保持数字化"可以定义为按地理坐标对水土保持要素状况的数字化描述和处理，它借助地球空间信息技术，对水土流失影响因子、水土流失以及水土保持防治措施、水土保持管理等信息按照数字信号进行收集、贮存、传输、分析和应用。主要研究的内容有：水土保持数字化的技术标准，水土保持信息基础设施的构建，水土保持数据库设计与开发，业务应用服务和信息共享平台建设技术，应用信息系统开发。

9. 水土保持新材料、新工艺、新技术

水土保持也必须吸收相关学科和行业的发展成果，加快新材料、新工艺和新技术的应用研究。需研究的关键技术有：核素示踪技术在土壤侵蚀过程与规律研究方面的应用，土壤侵蚀动态监测的"3S"技术开发和应用，风沙区表土固结材料与技术，工程开挖造成的陡峭崖壁喷混植生技术，植生袋技术，坡面植被恢复过程中土壤保湿剂使用技术等。

四、主要土壤侵蚀区水土保持研究重点

我国地域辽阔，自然条件区域差异显著，土壤侵蚀类型与成因复杂。根据不同类型区地貌特征、生物气候及其土壤侵蚀特点，将我国主要土壤侵蚀区划分为水力侵蚀区、风力侵蚀区及冻融侵蚀区三大类型区。其中，水力侵蚀区又续分为：东北黑土区、北方土石山区、黄土高原区、长江上游及西南诸河流域、西南岩溶区和南方红壤区六个亚区。针对不同类型区水土流失的区域特点、国家决策所关注的水土保持生态建设重大战略问题，以及各区水土保持生产实践中亟需解决的热点、难点问题及其关键技术进行分析研究，提出不同类型区的研究方向和任务，为区域水土保持服务（前文已论述的重大共性基础理论与关键技术问题，本节不重复赘述）。

（一）水力侵蚀区

1. 东北黑土区

该区涉及松花江、辽河两大流域。区内地形多为漫岗长坡，在顺坡耕作情况下，水土流失不断加剧。土壤侵蚀主要来源于缓坡、长坡耕地水蚀及冻融诱发的重力侵蚀。

研究方向与任务：东北黑土资源退化规律及其对粮食生产的影响与预警，冻融作用对黑土土壤侵蚀的影响，黑土区土壤侵蚀强度分级标准、侵蚀危险度评价，东北黑土土壤侵蚀综合治理与黑土地生态系统修复关键技术研究与模式示范。

2. 北方土石山区

该区涉及海河、淮河两大流域，主要分布在流域上游的太行山、沂蒙山、桐柏山、大别山、伏牛山等地。区内降雨集中，大部分地区土层浅薄，岩石大面积裸露，山丘区一半以上耕地土层厚度在 50cm 以下，水土流失对土地生产力破坏极大。水土流失作为面源污染的载体，加剧了水源污染，对下游地区饮水安全构成重大威胁。

研究方向与任务：河流上游水土保持对下游水资源供给的影响，生态补偿区土地资源生态经济功能定位与土壤侵蚀综合防治技术与标准研究，北方土石山区坡耕地改造与保护性耕作技术与模式，优质水土保持经济林果品种培育及水土保持栽培技术，生态家园、清洁小流域规划设计与水土保持型生态旅游建设关键技术与模式研究。

3. 黄土高原地区

该区涉及青海、甘肃、宁夏、内蒙古、陕西、山西、河南七省（区）。区内土层深厚疏松、沟壑纵横、气候干旱、植被稀少，降水时空分布不均，加之水土资源利用不合理，土壤侵蚀强度之大、流失量之多堪称世界之最。

研究方向与任务：退化生态系统植被恢复机制及途径，生态自然恢复与人工促进恢复技术与模式，坡地整治与坝系优化建设技术，水沙调控与淤地坝等工程的科学布局及建设技术，晋陕蒙粗沙多沙区不同尺度区域水土流失分布或数值模型技术，能源重化工区土壤侵蚀治理与环境演变，退耕还林还草、生态建设与粮食安全、经济持续发展模式与战略。

4. 长江上游及西南诸河流域

该区主要涉及四川、重庆、云南、贵州、西藏、陕西、甘肃和湖北等省（区、市）。区内地质构造复杂而活跃，山高坡陡，人口密集，降雨集中，坡耕地比重大，水土流失严重。同时，区内水土流失极易诱发滑坡、泥石流等山地灾害。

研究方向与任务：水沙环境与区域水资源、生态环境演变的关系，长江侵蚀泥沙定量评估，泥石流、滑坡等山地灾害预警及防治技术，三峡库区水土流失、山地灾害及面源污染监测，移民和城镇化过程中新增土壤侵蚀综合防治技术，坡地整治与沟壑塘坝优化建设技术，林草植被快速恢复与保持水土营造技术，三峡库区水土流失综合治理技术，云、贵高原干热河谷生态系统修复，农村能源开发新途径和相关政策。

5. 西南岩溶区

该区以贵州高原为中心，包括广西西北部、云南东部和四川、重庆、湖南的部分地区。区内土层瘠薄，降雨强度大，陡坡耕种普遍，水土流失非常严重。水土流失剧烈的地区土层消失殆尽，土地石漠化极为严重。该区坡耕地综合整治，遏制水土流失的任务极为艰巨。

研究方向与任务：岩溶地区的土壤侵蚀过程、机理及其预测预报模型，土壤侵蚀危险度评价与岩溶地区的水土流失防治关键技术，岩溶地质背景生态修复物种选育与干预途径，岩溶地区小流域综合治理模式和复合农林业经营技术，适宜于岩溶发育规律和水文网结构的水土调控和地下水开发工艺与技术标准，不同岩溶土壤的改良与快速培肥技术，不同岩溶流域农业和林业发展模式与种植品种，岩溶流域的人口承载力与生态移民的规模及相关政策。

6. 南方红壤区

该区主要是指我国东南部地区，涉及广东、福建、海南、湖南、浙江、江西以及鄂东南和皖南地区。区内水土流失主要表现为：一是岩层高度风化后，风化壳深厚，在强降雨作用下极易产生崩岗侵蚀；二是近年来荒坡地林产品开发强度大，引发严重人为水土流失；三是该区不少人工林为单一树种的纯林，林下缺少灌木或草本植被覆盖，土壤表面裸露，保持水土能力很弱。

研究方向与任务：水土流失与污染物的迁移、扩散的关系及预测、预报模型与技术，小流域综合治理与复合农林业经营技术，崩岗的治理开发，纯林林分改造与林下流失防控技术，城市水土保持关键技术，开发建设引起的人为土壤侵蚀防治技术和生态修复技术。

（二）风力侵蚀区

本区主要分布在新疆、内蒙和青海、宁夏、甘肃、陕西、山西、辽宁、河北等省的部分地方。区内土地过度开垦和草场超载放牧，植被覆盖度低，风力侵蚀和水力侵蚀交替发生，生态十分脆弱。

研究方向与任务：风蚀产沙机理与运移规律，风蚀与水蚀交错区交互作用内在机理研究和水土保持措施研究，风沙草原区土地退化机理与土地利用模式、承载力及其预警体系，保护性耕作与栽培管理技术体系，农牧交错区风沙源控制综合防治技术，荒漠及绿洲植被生态演变及恢复技术，草原鼠害综合防治、草库仑建设与牧业制度改革技术与途径，沙地表土固结技术等。

（三）冻融侵蚀区

冻融侵蚀主要分布在我国西部青藏高原、新疆天山、东北大小兴安岭等高寒地区。区内受人为活动影响较小，以自然侵蚀为主。

研究方向与任务：冻融区的发展趋势，冻土扰动影响及防控，植被移植与恢复，全球气候变化引起的冻融侵蚀区水土流失对策措施研究。

五、水土保持科技发展保障措施

（一）深化水土保持科技体制改革与创新体系建设

强化宏观指导，推进国家级水土保持研究院（所、校）现代科技管理体制建设。加强国家水土保持科技管理协调，积极稳妥地推进水土保持科研机构管理体制的改革，强化宏观指导与调控，健全国家级水土保持科技决策机制，消除体制机制性障碍，加强部门之间、地方之间、部门与地方之间的统筹协调，切实整合科技资源，进一步加强工程技术研究中心和重点实验室建设。对于服务国家公益性基础研究的水土保持研究院（所、校）要加强科研能力建设，建立稳定的投入机制，逐步建立起有利于水土保持科技发展的现代科技管理体制。

积极推进地方和流域科研机构的改革。具备市场应对能力的应用研究和技术推广机构，要向企业化转制或转制为科技服务机构；对承担区域基础研究和监测的机构，政府要给予一定的支持。同时要拓宽工作领域，面向市场，增强自我发展能力，加强技术推广和技术咨询、工程监理等服务。

（二）建立与完善水土保持科技政策与投入体系

加大对技术推广的支持力度。建立推广水土保持综合治理先进适用技术的新机制，在国家重大生态工程建设项目中列专项经费用于开展重大技术攻关和实用技术推广，重点支持工程建设中急待解决的重大科技问题研究。

通过政策引导，建立多元化、多渠道的科技投入体系。充分发挥政府在投入中的引导作用，通过积极争取各级财政直接投入、税收优惠等多种政策引导和调动地方、企业投入水土保持公益性科学研究的积极性。

（三）构建科研协作网络与科技基础条件平台

水土保持科技协作网。以全国水土保持生态建设的需求为导向，以提高水土保持工程科技含量和加快生态环境建设速度为目标，制定全国水土保持科技协作规程，有计划、有步骤地组织全国水土保持科研单位，围绕重大科技问题联合攻关、协同作战。

科技基础条件平台。多部门协作，建立以信息、网络技术为支撑，将土壤侵蚀研究实验基地、大型科学设施和仪器装备、科学数据与信息、自然科技资源等组成科技基础条件平台，通过有效配置和共享，服务于全社会科技创新。

建立科技资源的共享机制。根据"整合、共享、完善、提高"的原则，制定各类科技资源的标准规范，建立促进科技资源共享的政策法规体系。针对不同类型科技条件资源的特点，采用灵活多样的共享模式。

（四）完善水土保持应用技术推广体系

教学、科研和各级业务主管部门，要面向生产实践，建立面向基层的技术服务和科技推广体系，确保推广工作落到实处；要加强对广大群众的培训，采取户外教室与实用技术培训相结合的措施，促进科技成果向现实生产力的转化；要不断总结和大力推广新的实用技术。

（五）加强水土保持试验示范与科普教育基地建设

建立不同尺度、不同类型的土壤侵蚀综合防治试验示范工程，通过试区示范、推广、扩散作用，带动周边地区的土壤侵蚀综合治理与开发，不断提高水土保持的科技贡献率。编辑出版水土保持科普读物，建立水土保持科普教育基地，提高全民水土保持意识。

（六）建设一支高素质的科技队伍

依托重大科研和建设项目，造就一批由初、中、高各层次组成的，比例适合、数量适中、专业配套的水土保持科研队伍。加大学科带头人的培养力度，积极推进创新团队建设，培养造就一批具有世界前沿水平的水土保持高级专家。

充分发挥教育在创新人才培养中的重要作用。加强水土保持科技创新与人才培养的有机结合，鼓励科研院所与高等院校合作培养研究型人才。支持研究生参与或承担科研项目，鼓励本科生投入科研工作，确保水土保持科技队伍后继有人。

鼓励和引导民间资本参与水土保持
工程建设实施细则

水利部关于印发鼓励和引导民间资本参与
水土保持工程建设实施细则的通知
水规计〔2012〕283 号

各流域机构，各省、自治区、直辖市水利（水务）厅（局），各计划单列市水利（水务）局，新疆生产建设兵团水利局：

为贯彻落实《国务院关于鼓励和引导民间投资健康发展的若干意见》（国发〔2010〕13 号），充分发挥民间资本在推进水利建设中的重要作用，结合水利行业特点，我部研究制定了《鼓励和引导民间资本参与水土保持工程建设实施细则》，现印发给你单位，请认真贯彻执行。

中华人民共和国水利部

2012 年 6 月 19 日

第一章 总 则

第一条 为鼓励和引导民间资本参与水土保持工程建设，加快水土流失治理，改善生态环境，根据《中华人民共和国水土保持法》和《国务院关于鼓励和引导民间投资健康发展的若干意见》（国发〔2010〕13号），制定本细则。

第二条　本细则适用于各级水土保持规划（以下简称"规划"）确定的水土流失治理区域，包括荒山、荒沟、荒丘、荒滩等范围（以下简称"四荒"）。

第三条　国家对民间资本参与水土保持工程建设坚持科学引导、积极扶持、依法管理、保护权益的原则，治理工程实行"谁投资、谁所有、谁管护"政策。

第四条　国家鼓励民间资本按照水土保持规划参与水土保持工程建设，在资金、技术等方面予以扶持。

第五条　民间资本投资人（不含无偿捐赠资金）是民间资本水土保持工程建设的责任主体；县级以上水行政主管部门依法行使监管职责。

第二章　参与范围与方式

第六条　民间资本参与水土保持工程建设包括小流域综合治理、坡耕地改梯田、水土保持植物种植、淤地坝建设等各类水土流失治理开发，以及水土保持科技示范园、水土保持教育社会实践基地建设等。

第七条　民间资本参与水土保持工程建设可采取以下投入方式：（一）资金投入；（二）实物投入；（三）劳力和机械投入；（四）其他投入。

国家鼓励社会和个人无偿捐资支持水土流失治理。

第八条　民间资本参与水土保持工程建设可采取以下形式：

（一）以流域（片）为单元开展集中连片水土流失治理开发；

（二）采取承包、租赁、股份合作、拍卖使用权等方式对

"四荒"资源进行治理开发；

（三）民营资源开发企业结合生产生活环境改善对周边区域进行水土流失治理开发；

（四）结合水土流失治理进行的水土保持植物资源开发利用；

（五）以其他方式参与治理开发。

第九条 民间资本参与水土保持工程建设应依法与有关方面签订治理开发协议，涉及土地使用权流转的还应按规定办理有关手续。

第三章 鼓励政策与扶持措施

第十条 国家鼓励民间资本参与水土保持工程建设。按相关政策规定，中央和地方各类用于水土流失治理的资金对规划范围内民间资本水土保持工程建设给予支持。

第十一条 各类金融机构应按国家有关政策规定积极支持民间资本开展水土保持工程建设和水土保持植物开发利用。

第十二条 各级水行政主管部门应主动为民间资本水土保持工程建设提供技术服务支持，指导民间资本投资人做好治理工程设计和建设管理等工作。

第十三条 民间资本水土保持工程设施所有权和使用权，在规定的使用期限内，可依法和按照有关规定程序享有继承、转让、转租、抵押和参股经营等权益。

第十四条 县级以上人民政府对在水土保持工作中做出突出成绩的民间资本投资人，应依法予以表彰。

第十五条 对民间资本投入较大、治理效果显著的水土保持工程，在工程竣工后，可以民间资本投资人名称标示。

第四章　权益保障

第十六条　民间资本投资人依法享有其出资建设的水土保持工程设施，国家依法保护其合法权益。

第十七条　征收或征用民间资本参与治理开发的水土流失土地，应依法对其治理成果给予补偿。

第十八条　工程建设过程中，在符合国家有关法律、法规、政策和水土保持规划的前提下，民间资本投资人享有治理开发自主权。

第十九条　民间资本水土保持工程建设成果享有平等进入政府采购目录的权利。

第五章　服务与监管

第二十条　县级水行政主管部门应公告辖区水土保持规划和近期治理范围，为民间资本投资人提供有关水土流失治理信息，引导民间资本投资人在公告区域范围内进行相关水土保持工程建设。

第二十一条　民间资本参与水土保持工程建设，应根据水土保持规划和有关规程规范编制治理开发实施方案，向县级水行政主管部门提出申请。拟申请水土保持资金扶持的项目，应在申请中注明。

第二十二条　治理开发实施方案经县级以上水行政主管部门审核及相关部门审批后，民间资本投资人应按照实施方案组织实施，依法承担水土流失防治责任，落实水土流失预防和治理措施，防止造成新的水土流失。

第二十三条 民间投资水土保持项目申请财政扶持资金的，应与国家投资建设的水土保持项目一样进行公示。县级水行政主管部门负责公示工程概况、治理开发目标、建设内容、国家拟扶持金额和工程责任人等。

第二十四条 县级水行政主管部门负责对民间资本参与水土保持项目的实施情况和效果进行年度核查。申请财政扶持资金的，对核查结果符合实施方案和规范要求的，县级有关部门应及时支付对民间投资水土保持项目的扶持资金。省级有关部门应加强监督检查。

第二十五条 鼓励民间资本投资人积极吸纳当地群众参与工程建设，引导群众共同致富。

第二十六条 民间资本投资人应当加强对水土保持设施的管理和维护，保证其安全运行和正常发挥效益。

第六章　附　则

第二十七条 本细则自发布之日起施行。

水土保持补偿费征收使用管理办法

财政部　国家发展改革委　水利部　中国人民银行

关于印发《水土保持补偿费征收使用管理办法》的通知

财综〔2014〕8 号

各省、自治区、直辖市财政厅（局）、发展改革委、物价局、水利（水务）厅局，中国人民银行上海总部、各分行、营业管理部、省会（首府）城市中心支行、大连、青岛、宁波、厦门、深圳中心支行：

为了规范水土保持补偿费征收使用管理，促进水土流失预防和治理，改善生态环境，根据《中华人民共和国水土保持法》的规定，我们制定了《水土保持补偿费征收使用管理办法》，现印发给你们，请遵照执行。

财政部　国家发展改革委

水利部　中国人民银行

2014 年 1 月 29 日

第一章　总　则

第一条　为了规范水土保持补偿费征收使用管理，促进水土流失防治工作，改善生态环境，根据《中华人民共和国水土保持法》的规定，制定本办法。

第二条　水土保持补偿费是水行政主管部门对损坏水土保持

设施和地貌植被、不能恢复原有水土保持功能的生产建设单位和个人征收并专项用于水土流失预防治理的资金。

第三条 水土保持补偿费全额上缴国库，纳入政府性基金预算管理，实行专款专用，年终结余结转下年使用。

第四条 水土保持补偿费征收、缴库、使用和管理应当接受财政、价格、人民银行、审计部门和上级水行政主管部门的监督检查。

第二章 征 收

第五条 在山区、丘陵区、风沙区以及水土保持规划确定的容易发生水土流失的其他区域开办生产建设项目或者从事其他生产建设活动，损坏水土保持设施、地貌植被，不能恢复原有水土保持功能的单位和个人（以下简称缴纳义务人），应当缴纳水土保持补偿费。

前款所称其他生产建设活动包括：

（一）取土、挖砂、采石（不含河道采砂）；

（二）烧制砖、瓦、瓷、石灰；

（三）排放废弃土、石、渣。

第六条 县级以上地方水行政主管部门按照下列规定征收水土保持补偿费。

开办生产建设项目的单位和个人应当缴纳的水土保持补偿费，由县级以上地方水行政主管部门按照水土保持方案审批权限负责征收。其中，由水利部审批水土保持方案的，水土保持补偿费由生产建设项目所在地省（区、市）水行政主管部门征收；生产建设项目跨省（区、市）的，由生产建设项目涉及区域各相关省

（区、市）水行政主管部门分别征收。

从事其他生产建设活动的单位和个人应当缴纳的水土保持补偿费，由生产建设活动所在地县级水行政主管部门负责征收。

第七条 水土保持补偿费按照下列方式计征：

（一）开办一般性生产建设项目的，按照征占用土地面积计征。

（二）开采矿产资源的，在建设期间按照征占用土地面积计征；在开采期间，对石油、天然气以外的矿产资源按照开采量计征，对石油、天然气按照油气生产井占地面积每年计征。

（三）取土、挖砂、采石以及烧制砖、瓦、瓷、石灰的，按照取土、挖砂、采石量计征。

（四）排放废弃土、石、渣的，按照排放量计征。对缴纳义务人已按照前三种方式计征水土保持补偿费的，其排放废弃土、石、渣，不再按照排放量重复计征。

第八条 水土保持补偿费的征收标准，由国家发展改革委、财政部会同水利部另行制定。

第九条 开办一般性生产建设项目的，缴纳义务人应当在项目开工前一次性缴纳水土保持补偿费。

开采矿产资源处于建设期的，缴纳义务人应当在建设活动开始前一次性缴纳水土保持补偿费；处于开采期的，缴纳义务人应当按季度缴纳水土保持补偿费。

从事其他生产建设活动的，缴纳水土保持补偿费的时限由县级水行政主管部门确定。

第十条 缴纳义务人应当向负责征收水土保持补偿费的水行政主管部门如实报送征占用土地面积（矿产资源开采量、取土挖砂采石量、弃土弃渣量）等资料。

负责征收水土保持补偿费的水行政主管部门审核确定水土保持补偿费征收额，并向缴纳义务人送达水土保持补偿费缴纳通知单。缴纳通知单应当载明征占用土地面积（矿产资源开采量、取土挖砂采石量、弃土弃渣量）、征收标准、缴纳金额、缴纳时间和地点等事项。

缴纳义务人应当按照缴纳通知单的规定缴纳水土保持补偿费。

第十一条 下列情形免征水土保持补偿费：

（一）建设学校、幼儿园、医院、养老服务设施、孤儿院、福利院等公益性工程项目的；

（二）农民依法利用农村集体土地新建、翻建自用住房的；

（三）按照相关规划开展小型农田水利建设、田间土地整治建设和农村集中供水工程建设的；

（四）建设保障性安居工程、市政生态环境保护基础设施项目的；

（五）建设军事设施的；

（六）按照水土保持规划开展水土流失治理活动的；

（七）法律、行政法规和国务院规定免征水土保持补偿费的其他情形。

第十二条 除本办法规定外，任何单位和个人均不得擅自减免水土保持补偿费，不得改变水土保持补偿费征收对象、范围和标准。

第十三条 县级以上地方水行政主管部门征收水土保持补偿费，应当到指定的价格主管部门申领《收费许可证》，并使用省级财政部门统一印制的票据。

第十四条 县级以上地方水行政主管部门应当对水土保持补偿费的征收依据、征收标准、征收主体、征收程序、法律责任等进行公示。

第三章 缴 库

第十五条 县级以上地方水行政主管部门征收的水土保持补偿费,按照1:9的比例分别上缴中央和地方国库。

地方各级政府之间水土保持补偿费的分配比例,由各省(区、市)财政部门商水行政主管部门确定。

第十六条 水土保持补偿费实行就地缴库方式。

负责征收水土保持补偿费的水行政主管部门填写"一般缴款书",随水土保持补偿费缴纳通知单一并送达缴纳义务人,由缴纳义务人持"一般缴款书"在规定时限内到商业银行办理缴款。在填写"一般缴款书"时,预算科目栏填写"1030176水土保持补偿费收入",预算级次栏填写"中央和地方共享收入",收款国库栏填写实际收纳款项的国库名称。

第十七条 水土保持补偿费收入在政府收支分类科目中列103类01款76项"水土保持补偿费收入",作为中央和地方共用收入科目。

第十八条 地方各级水行政主管部门要确保将中央分成的水土保持补偿费收入及时足额上缴中央国库,不得截留、占压、拖延上缴。

财政部驻各省(区、市)财政监察专员办事处负责监缴中央分成的水土保持补偿费。

第四章 使用管理

第十九条 水土保持补偿费专项用于水土流失预防和治理,

主要用于被损坏水土保持设施和地貌植被恢复治理工程建设。

第二十条　县级以上水行政主管部门应当根据水土保持规划，编制年度水土保持补偿费支出预算，报同级财政部门审核。财政部门应当按照政府性基金预算管理规定审核水土保持补偿费支出预算并批复下达。其中，水土保持补偿费用于固定资产投资项目的，由发展改革部门商同级水行政主管部门纳入固定资产投资计划。

第二十一条　水土保持补偿费的资金支付按照财政国库管理制度有关规定执行。

第二十二条　水土保持补偿费支出在政府收支分类科目中列213类70款"水土保持补偿费安排的支出"01项"综合治理和生态修复"、02项"预防保护和监督管理"、03项"其他水土保持补偿费安排的支出"。

第二十三条　各级财政、水行政主管部门应当严格按规定使用水土保持补偿费，确保专款专用，严禁截留、转移、挪用资金和随意调整预算。

第五章　法律责任

第二十四条　单位和个人违反本办法规定，有下列情形之一的，依照《财政违法行为处罚处分条例》和《违反行政事业性收费和罚没收入收支两条线管理规定行政处分暂行规定》等国家有关规定追究法律责任；涉嫌犯罪的，依法移送司法机关处理：

（一）擅自减免水土保持补偿费或者改变水土保持补偿费征收范围、对象和标准的；

（二）隐瞒、坐支应当上缴的水土保持补偿费的；

（三）滞留、截留、挪用应当上缴的水土保持补偿费的；

（四）不按照规定的预算级次、预算科目将水土保持补偿费缴入国库的；

（五）违反规定扩大水土保持补偿费开支范围、提高开支标准的；

（六）其他违反国家财政收入管理规定的行为。

第二十五条 缴纳义务人拒不缴纳、拖延缴纳或者拖欠水土保持补偿费的，依照《中华人民共和国水土保持法》第五十七条规定进行处罚。缴纳义务人对处罚决定不服的，可以依法申请行政复议或者提起行政诉讼。

第二十六条 缴纳义务人缴纳水土保持补偿费，不免除其水土流失防治责任。

第二十七条 水土保持补偿费征收、使用管理有关部门的工作人员违反本办法规定，在水土保持补偿费征收和使用管理工作中徇私舞弊、玩忽职守、滥用职权的，依法给予处分；涉嫌犯罪的，依法移送司法机关。

第六章 附 则

第二十八条 各省（区、市）根据本办法制定具体实施办法，并报财政部、国家发展改革委、水利部、中国人民银行备案。

第二十九条 按本办法规定开征水土保持补偿费后，原各地区征收的水土流失防治费、水土保持设施补偿费、水土流失补偿费等涉及水土流失防治和补偿的收费予以取消。

第三十条 本办法由财政部商国家发展改革委、水利部、中国人民银行负责解释。

第三十一条 本办法自 2014 年 5 月 1 日起施行。

开发建设项目水土保持设施验收管理办法

中华人民共和国水利部令

第 47 号

《水利部关于废止和修改部分规章的决定》已经水利部部务会议审议通过，现予公布，自公布之日起施行。

水利部部长

2015 年 12 月 16 日

（2002 年 10 月 14 日水利部令第 16 号公布；根据 2005 年 7 月 8 日水利部令第 24 号《水利部关于修改部分水利行政许可规章的决定》第一次修正；根据 2015 年 12 月 16 日中华人民共和国水利部令第 47 号《水利部关于废止和修改部分规章的决定》第二次修正）

第一条　为加强开发建设项目水土保持设施的验收工作，根据《中华人民共和国水土保持法》及其实施条例，制定本办法。

第二条　本办法适用于编制水土保持方案报告书的开发建设项目水土保持设施的验收。

编制水土保持方案报告表的开发建设项目水土保持设施的验收，可以参照本办法执行。

第三条　开发建设项目所在地的县级以上地方人民政府水行

政主管部门，应当定期对水土保持方案实施情况和水土保持设施运行情况进行监督检查。

第四条 开发建设项目水土保持设施经验收合格后，该项目方可正式投入生产或者使用。

第五条 县级以上人民政府水行政主管部门或者其委托的机构，负责开发建设项目水土保持设施验收工作的组织实施和监督管理。

县级以上人民政府水行政主管部门按照开发建设项目水土保持方案的审批权限，负责项目的水土保持设施的验收工作。

县级以上地方人民政府水行政主管部门组织完成的水土保持设施验收材料，应当报上一级人民政府水行政主管部门备案。

第六条 水土保持设施验收的范围应当与批准的水土保持方案及批复文件一致。

水土保持设施验收工作的主要内容为：检查水土保持设施是否符合设计要求、施工质量、投资使用和管理维护责任落实情况，评价防治水土流失效果，对存在问题提出处理意见等。

第七条 水土保持设施符合下列条件的，方可确定为验收合格：

（一）开发建设项目水土保持方案审批手续完备，水土保持工程设计、施工、监理、财务支出、水土流失监测报告等资料齐全；

（二）水土保持设施按批准的水土保持方案报告书和设计文件的要求建成，符合主体工程和水土保持的要求；

（三）治理程度、拦渣率、植被恢复率、水土流失控制量等指标达到了批准的水土保持方案和批复文件的要求及国家和地方的有关技术标准；

（四）水土保持设施具备正常运行条件，且能持续、安全、有效运转，符合交付使用要求。

水土保持设施的管理、维护措施落实。

第八条 在开发建设项目土建工程完成后，应当及时开展水土保持设施的验收工作。建设单位应当会同水土保持方案编制单位，依据批复的水土保持方案报告书、设计文件的内容和工程量，对水土保持设施完成情况进行检查，编制水土保持方案实施工作总结报告和水土保持设施竣工验收技术报告（编制提纲见附件）。对于符合本办法第七条所列验收合格条件的，方可向审批该水土保持方案的机关提出水土保持设施验收申请。

第九条 国务院水行政主管部门负责验收的开发建设项目，应当由国务院水行政主管部门委托有关技术机构进行技术评估。

省级水行政主管部门负责验收的开发建设项目，可以根据具体情况参照前款规定执行。

地、县级水行政主管部门负责验收的开发建设项目，可以直接进行竣工验收。

第十条 承担技术评估的机构，应当组织水土保持、水工、植物、财务经济等方面的专家，依据批准的水土保持方案、批复文件和水土保持验收规程规范对水土保持设施进行评估，并提交评估报告。

第十一条 县级以上人民政府水行政主管部门在受理验收申请后，应当组织有关单位的代表和专家成立验收组，依据验收申请、有关成果和资料，检查建设现场，提出验收意见。其中，对依照本办法第九条规定，需要先进行技术评估的开发建设项目，建设单位在提交验收申请时，应当同时附上技术评估报告。

建设单位、水土保持方案编制单位、设计单位、施工单位、监理单位、监测报告编制单位应当参加现场验收。

第十二条 验收合格意见必须经三分之二以上验收组成员同意，由验收组成员及被验收单位的代表在验收成果文件上签字。

第十三条 县级以上人民政府水行政主管部门应当自受理验收申请之日起二十日内作出验收结论。

对验收合格的项目，水行政主管部门应当自作出验收结论之日起十日内办理验收合格手续，作为开发建设项目竣工验收的重要依据之一。

对验收不合格的项目，负责验收的水行政主管部门应当责令建设单位限期整改，直至验收合格。

第十四条 分期建设、分期投入生产或者使用的开发建设项目，其相应的水土保持设施应当按照本办法进行分期验收。

第十五条 水土保持设施验收合格并交付使用后，建设单位或经营管理单位应当加强对水土保持设施的管理和维护，确保水土保持设施安全、有效运行。

第十六条 违反本办法，水土保持设施未建成、未经验收或者验收不合格，主体工程已投入运行的，由审批该建设项目水土保持方案的水行政主管部门责令限期完建有关工程并办理验收手续，逾期未办理的，可以处以一万元以下的罚款。

第十七条 开发建设项目水土保持设施验收的有关费用，由项目建设单位承担。

第十八条 本办法由水利部负责解释。

第十九条 本办法自 2002 年 12 月 1 日起施行。

农田水利设施建设和水土保持
补助资金使用管理办法

财政部　水利部关于印发《农田水利设施建设和
水土保持补助资金使用管理办法》的通知

财农〔2015〕226号

农业部，各省、自治区、直辖市、计划单列市财政厅
（局）、水利（水务）厅（局），新疆生产建设兵团财务
局、水利局：

为进一步加强和规范中央财政农田水利设施建设和
水土保持补助资金管理，财政部、水利部对《中央财政
小型农田水利设施建设和国家水土保持重点建设工程补
助专项资金管理办法》（财农〔2009〕335号）、《中央财
政统筹从土地出让收益中计提的农田水利建设资金使用
管理办法》（财农〔2013〕14号）、《中央财政补助中西
部地区、贫困地区公益性水利工程维修养护经费使用管
理暂行办法》（财农〔2011〕463号）等办法进行了整合
修订，形成了《农田水利设施建设和水土保持补助资金
使用管理办法》。现予印发，请遵照执行。

财政部　水利部

2015年12月16日

第一条 为加强和规范农田水利设施建设和水土保持补助资金使用管理，提高资金使用的安全性和有效性，根据《中华人民共和国预算法》等法律法规，制定本办法。

第二条 本办法所称农田水利设施建设和水土保持补助资金，是指由中央财政预算安排，用于农田水利工程设施和水土保持工程建设以及水利工程维修养护的补助资金（以下简称补助资金）。补助资金由财政部会同水利部负责管理。补助资金的分配、使用、管理和监督适用本办法。

第三条 补助资金预算由财政部商水利部按规定程序下达。上年9月底前按一定比例提前下达，当年在全国人大批准预算后90日内下达完毕。

安排农业部直属垦区、新疆生产建设兵团的补助资金，分别纳入农业部、新疆生产建设兵团预算，按照有关规定执行。

第四条 财政部、水利部对补助资金使用情况开展绩效评价。强化绩效评价结果运用，建立绩效评价结果与年度补助资金安排挂钩机制。绩效评价办法另行制定。

第五条 补助资金使用范围包括：

（一）农田水利工程设施建设：农田及牧区饲草料地灌排工程设施建设，农村河塘清淤整治，节水灌溉设备及量测水设施购置，必要的灌溉信息化管理及灌溉试验仪器设备购置，与农田水利工程设施配套的田间机耕道、生产桥及10千伏以下（含10千伏）农业灌排电力配套建设，地下水超采综合治理工程建设。

（二）水土保持工程建设：水土保持工程措施、植物措施和保护性耕作措施。

（三）水利工程维修养护：农田水利工程和县级以下国有公益

性水利工程的维修养护支出，农业水价综合改革相关支出，基层水利服务单位开展农田水利工程维修养护所必要的仪器设备购置补助。

实施农田水利工程设施和水土保持工程建设项目的县（以下简称项目县）可在补助资金（不含用于水利工程维修养护支出）中按不超过3%的比例安排资金，用于补助项目前期工作和建设管理等相关支出，省、市两级不得从补助资金中提取上述经费。

补助资金不得用于购置交通工具、楼堂馆所建设以及应由部门预算安排的基本支出等。

第六条 补助资金主要采取因素法分配，对党中央、国务院批准的重点建设任务以及农田水利工程建设任务较少的直辖市、计划单列市实行定额补助。

（一）用于农田水利工程设施建设支出部分的分配因素及权重：

1. 耕地面积（权重10%），以最新中国统计年鉴数据为准。

2. 粮食产量（权重15%），以最新中国统计年鉴数据为准。

3. 地区倾斜（权重20%），以全国贫困县、革命老区县、民族县、边境县等为依据。

4. 建设任务（权重25%），以水利部、财政部确定的建设任务为依据。

5. 绩效因素（权重30%），以财政部、水利部绩效评价结果为依据，其中农业水价综合改革等体制机制创新工作的绩效评价结果占50%。

（二）用于水土保持工程建设支出部分的分配因素及权重：

1. 建设任务（权重60%），以水利部、财政部确定的建设任务为依据。

2. 绩效因素（权重40%），以财政部、水利部绩效评价结果为依据。

（三）用于水利工程维修养护支出部分的分配因素及权重：

1. 有效灌溉面积（权重60%），以最新中国统计年鉴数据为准。

2. 绩效因素（权重40%），以财政部、水利部绩效评价结果为依据。

第七条 补助资金可以采取先建后补、以奖代补以及村民自建等方式，加大对农户、村组集体、农民专业合作组织等新型农业经营主体实施项目的支持力度，也可以按规定采用政府和社会资本合作（PPP）模式开展项目建设，创新项目投入运营机制。具体办法由各省、自治区、直辖市、计划单列市（以下统称各省）自行确定。

第八条 各省应当按照"集中投入、整合资金、竞争立项、连片推进"等建设管理模式，逐步建立健全项目县竞争立项机制。项目县竞争立项程序、操作办法、立项结果等应当向社会公示，保证项目县选择工作的公正、公开和公平。项目县竞争立项的具体方式、项目建设实施方案审查程序等，由各省自行确定。

第九条 补助资金的使用应当遵循建管并重、先建机制后建工程的原则，把农田水利设施建设与农业水价综合改革、农田水利产权制度改革和创新运行管护机制、小型水利工程管理体制改革等体制机制创新同步安排，同步实施，同步验收。

第十条 地方各级财政部门应当会同水利部门加快资金分解下达，在规定时间内落实到具体部门或单位；地方各级水利部门应当督促补助资金使用部门和单位加快预算执行，提高资金使用效益，确保建设任务按期完成。结转结余的补助资金，按照财政部关于结转结余资金管理的相关规定处理。

第十一条 补助资金支付按照国库集中支付制度有关规定执行。属于政府采购管理范围的，按照政府采购法律、法规及制度规定执行。属于政府和社会资本合作项目的，按照国家有关规定执行。

第十二条 各级财政、水利部门应当按照职责分工加强对补助资金使用的监督检查。使用补助资金的单位及个人，应当自觉接受审计部门、财政部门以及业务主管部门的监督检查，及时提供相关资料。

第十三条 任何单位或个人不得骗取、截留、挪用补助资金，不得将补助资金用于偿还债务。对补助资金使用管理中存在财政违法行为的单位及个人，依照《中华人民共和国预算法》、《财政违法行为处罚处分条例》的有关规定进行处理。

第十四条 本办法由财政部会同水利部负责解释。各省财政、水利部门应当结合实际，制定实施细则。

第十五条 本办法自 2015 年 12 月 20 日起施行。财政部、水利部印发的《中央财政小型农田水利设施建设和国家水土保持重点建设工程补助专项资金管理办法》（财农〔2009〕335 号）、《关于修改〈中央财政小型农田水利设施建设和国家水土保持重点建设工程补助专项资金管理办法〉有关条文的通知》（财农〔2012〕54 号）、《中央财政统筹从土地出让收益中计提的农田水利建设资金使用管理办法》（财农〔2013〕14 号）、《中央财政补助中西部地区、贫困地区公益性水利工程维修养护经费使用管理暂行办法》（财农〔2011〕463 号）同时废止。

水土保持重点工程农民投劳管理暂行规定

关于印发《水土保持重点工程
农民投劳管理暂行规定》的通知
水保〔2004〕665号

各流域机械、各省、自治区、直辖市水利（水务）厅
（局），各计划单列市水利（水务）局，新疆生产建设兵
团水利局：

为了加强和规范水土保持重点工程建设农民投劳的
管理，报据党中央、国务院的有关文件精神，结合水土
保持重点工程实际，我部制定的《水土保持重点工程农
民投劳管理暂行规定》，现印发给你们，请遵照执行。
在执行中有何问题和意见，请及时反馈我部水土保
持司。

二〇〇四年十二月二十九日

第一条 为规范水土保持重点工程建设农民投劳的管理，根
据党中央、国务院关于农村税费改革有关政策精神，结合水土保
持工程实际，特制定本规定。

第二条 本规定适用于国家水土保持重点工程，地方实施的
水土保持工程可参照执行。

第三条 水利部负责国家水土保持重点工程农民投劳（以下

简称"投劳")的监督管理；地方各级水利水土保持部门负责本辖区投劳的监督管理工作；乡级人民政府负责投劳的组织协调工作；村民委员会负责投劳的具体组织实施工作。

第四条 投劳纳入村级"一事一议"范围，接受地方各级农民负担监督管理部门的检查监督。

第五条 投劳以村为单位统一组织，遵循"谁受益、谁负担"，"农民自愿、量力而行、民主决策、数量控制"的原则筹集。

第六条 投劳承诺应作为县级以上水利水土保持部门审查、审批水土保持重点工程前期工作重要依据之一，否则不予受理。

第七条 县级水利水土保持部门根据水土保持有关政策规定和工程建设需要，协助乡级人民政府指导村民委员会做好投劳承诺工作。

第八条 申报水土保持重点工程前，县级水利水土保持部门和乡级人民政府要在深入调查研究，广泛征求群众意见的基础上，制定切合实际的工程建设方案，并协助村民委员会将拟建工程的建设内容、预期效益和所需投劳数量等，以预案方式在工程受益区范围内向群众张榜公布。

第九条 预案公布后，经充分酝酿，召开村民大会或村民代表大会征求群众对工程投劳的意见。村民委员会在受益区群众签字认可投劳的基础上，出具投劳承诺书。

第十条 县级水利水土保持部门根据落实的投资计划，确定工程的投劳任务，报县级人民政府备案，下达到有关乡级人民政府，落实到各行政村。

第十一条 村民委员会根据确定的投劳任务，分解到受益区农户，并张榜公布，组织实施。

第十二条 投劳可按面积大小、措施难易、受益多少分担，具体办法由村民大会或村民代表大会、村民小组会议讨论决定。

第十三条 由于农民外出务工等原因不能投劳的，可由他人代工，或本人出资代劳（雇工），并报乡级人民政府备案。

第十四条 农民投劳数量由村民委员会或村民小组负责登记，并配合县级农民负担监督管理部门将投劳数量登记到农民负担监督卡。

第十五条 村民委员会根据工程进度、劳动力承受能力，合理安排投劳，避免影响当年生产。工程竣工后，村民委员会及时将投劳的使用情况向村民张榜公布。

第十六条 投劳原则上不能跨村使用，确需跨村使用投劳的，应采取借工、换工或有偿用工等形式，不得平调农村劳动力。对于跨村受益工程所需的投劳，由乡级人民政府统筹协调。

第十七条 投劳严格按照批准的数额筹集，不得擅自提高标准、扩大范围；不得跨项目或结转下一个项目使用；不得挪作他用。

第十八条 各级水利水土保持部门要加强对投劳的监督检查。县级水利水土保持部门要和县级农民负担监督管理部门密切协作，定期检查投劳的筹集、使用和管理情况，对检查中发现的问题，要及时处理，并将有关情况报县级政府和上级主管部门。

第十九条 对于违反"一事一议"、未达到村民大会（或村民代表大会、村民小组会议）规定人数签字承诺的和未按计划完成投劳任务，影响工程进度、质量和任务完成的，省级水利水土保持部门责令限期改正。逾期不改的，停止工程实施。

第二十条 各省、自治区、直辖市水行政主管部门可根据本规定制定实施细则。

第二十一条 本规定由水利部负责解释。

第二十二条 本规定自发布之日起执行。

水土保持生态环境监测网络管理办法

中华人民共和国水利部令

第 46 号

《水利部关于废止和修改部分规章的决定》已经水利部部务会议审议通过，现予公布，自公布之日起施行。

水利部部长

2014 年 8 月 19 日

（2000 年 1 月 31 日水利部令第 12 号发布；根据 2014 年 8 月 19 日水利部令第 46 号《水利部关于废止和修改部分规章的决定》修改）

第一章 总 则

第一条 为加强水土保持生态环境监测网络管理的建设和管

理，规范水土保持生态环境监测工作，根据《中华人民共和国水土保持》、《中华人民共和国水土保持法实施条例》，制定本办法。

第二条 水土保持生态生态环境工作应遵守本办法的规定。

第三条 水土保持生态环境监测工作的任务是通过建立全国水土保持生态环境监测站网，对全国水土流失和水土保持状况实施监测，为国家制定水土保持生态环境政策和宏观决策提供科学依据，为实现国民经济和社会的可持续发展服务。

第四条 水土保持生态环境监测工作实行统一管理，分级负责的原则。

水利部统一管理全国的水土保持生态环境监测工作，负责制订有关规章、规程和技术标准，组织全国水土保持生态环境监测、国内外技术与交流，发布全国水土保持公告。

水利部各流域机构在授权范围内管理水土保持生态环境监测工作。

县级以上水行政方管部门或地方政府设立的水土保持机构、以及授权的水土保持监督管理机构，对辖区的水土保持生态环境监测实施管理。

第五条 水土保持生态环境监测工作按水利部制定的技术规范和标准进行。

第六条 省级以上水土保持生态环境监测管理机构编制水土保持生态环境监测规划，作为水土保持生态环境建设规划的重要组成部分，经同级人民政府批准组织实施。对水土保持生态环境监测规划进行修订的，须经原批准机关审查同意。

第七条 在水土保持生态环境监测工作中心成绩显著的单位

和个人，由水土保持生态环境监测管理机构或报请同级人民政府给予奖励。

第二章 监测站网的建设

第八条 在水土保持生态环境监测规划的指导下，按基本建设程序全国水土保持生态环境监测站网，其运行实行分级负责制。

第九条 全国水土保持生态环境监测站网由以下四级监测机构组成：一级为水利部水土保持生态环境监测中心，二级为大江大河（长江、黄河、海河、珠江、松花江及辽河、太湖等）流域水土保持生态环境监测中心站，三级为省级水土保持生态环境监测总站，四级为省级重点防治区监测分站。

省组重点防护区监测分站，根据全国及省水土保持生态环境监测规划，设立相应监测点。具体布设应结合目前水土保持科研所（站、点）及水文站点的布设情况建设，避免重复，部分监测项目可委托相关站进行监测。

国家负责一、二级监测机构的建设和管理，省（自治区、直辖市）负责三、四级及监测点的建设和管理。按水土保持生态环境监测规划建设的监测站点不得随意变更，确需调整的须经规划批准机关的审查同意。

第十条 有水土流失防治任务的开发建设项目，建设和管理单位应设立专项监测点对水土流失状况进行监测，并定期向项目所在地县级监测管理机构报告监测成果。

第十一条 下级监测机构应接受上级监测机构的业务指导。

第十二条 水土保持生态环境监测工作，须由具有相应监测能力的单位承担。

第十三条 从事水土保持生态环境监测的专业技术人员须经专门技术培训,具备相应的工作能力。

第三章 监测机构职责

第十四条 省级以上水土保持生态环境监测机构的主要职责是:编制水土保持生态环境监测规划和实施计划,建立水土保持生态环境监测信息网,承担并完成水土保持生态环境监测任务,负责对监测工作的技术指导、技术培训和质量保证,开展监测技术、监测方法的研究及国内外科技合作和交流,负责汇总和管理监测数据,对下级监测成果进行鉴定和质量认证,及时掌握和预报水土流失动态,编制水土保持生态环境监测报告。除本款规定的职责外,各级监测机构还有以下职责:

水利部水土保持生态环境监测中心对全国水土保持生态环境监测工作实施具体管理。负责拟定水土保持生态环境监测技术规范、标准,组织对全国性、重点区域、重大开发建设项目的水土保持监测,负责对监测仪器、设备的质量和技术认证,承担对申报水土保持生态环境监测资质单位的考核、验证工作。

大江大河流域水土保持生态环境监测中心站参与国家水土保持生态环境监测、管理和协调工作,负责组织和开展跨省际区域、对生态环境有较大影响的开发建设项目的监测工作。

省级水土保持生态环境监测总站负责对重点防治区监测分站的管理,承担国家及省级开发建设项目水土保持设施的验收监测工作。

第十五条 省组重点防治区监测分站的主要职责：按国家、流域及省级水土保持生态环境监测规划和计划，对列入国家省级水土流失重点预防保护区、重点治理区、重点监督区的水土保持动态变化进行监测，汇总和管理监测数据，编制监测报告。

监测点的主要职责：按有关技术规程对监测区域进行长期定位观测，整编监测数据，编报监测报告。

第十六条 开发建设项目的专项监测点，依据批准的水土保持方案，对建设和生产过程中的水土流失进行监测，接受水土保持生态环境监测管理机构的业务指导和管理。

第四章 监测数据和成果的管理

第十七条 水土保持生态环境监测数据和成果由水土保持生态环境监测管理机构统一管理。

第十八条 水土保持生态环境监测数据实行年报制度，上报时间为次年元月底前。

下级监测机构向上级监测机构报告本年度监测数据及其整编成果。开发建设项目的监测数据和成果，向当地水土保持生态环境监测机构报告。

年报内容按有关技术规范编制。

第十九条 国家和省级水土保持生态环境监测成果实行定期公告制度，监测公告分别由水利部和省级水行政主管部门依法发布。省级监测公告发布前经国家水土保持生态环境监测机构的审查。

监测公告的主要内容：水土流失面积、分布状况和流失程度，水土流失危害及发展趋势，水土保持情况及效益等。

国家水土保持公告每五年发布一次，重点省、重点区域、重大开发建设项目的监测成果根据实际需要发布。

第二十条 各级水土保持生态环境监测机构对外提供监测数据须经同级水土保持生态环境监测管理机构同意。

第二十一条 对在水土保持生态环境监测中无故不上报监测数据，不按规定开展监测工作，在监测工作中弄虚作假，未经同意擅自对外提供监测数据的，按有关规定处理。

第五章 附 则

第二十二条 本办法由水利部负责解释。

第二十二条 本办法自发布之日起实施。

附　录

全国水土保持监测网络和信息系统
建设项目管理办法

水利部办公厅关于印发《全国水土保持监测网络和
信息系统建设项目管理办法》的通知
办水保〔2004〕99 号

各流域机构，各省、自治区、直辖市水利（水务）厅
（局），新疆生产建设兵团水利局：

为加强全国水土保持监测网络和信息系统建设项目
管理，我部制定了《全国水土保持监测网络和信息系统
建设项目管理办法》，现印发给你们，请认真贯彻执行。

中华人民共和国水利部办公厅
二〇〇四年七月十六日

第一章　总　则

第一条　为了加强全国水土保持监测网络和信息系统建设工
程（以下简称"本工程"）的建设管理，保证工程质量，实现建

设目标，依据《关于加强公益性水利工程建设管理若干意见》（国发〔2000〕20号），《建设工程质量管理条例》（国务院令第279号），《水土保持生态环境监测网络管理办法》（水利部令第12号）和《水利工程建设项目管理规定（试行）》（水建〔1995〕128号），结合本工程的实际情况，制定本办法。

第二条 本办法适用于本工程的建设管理。

第三条 本工程建设严格执行国家和行业有关法律、法规、政策和技术标准。

第二章 建设管理机构与职责

第四条 水利部是本工程的主管部门，对建设管理进行指导和监督，协调和处理建设中的重大问题。

第五条 水利部水土保持监测中心作为本工程的项目法人，全面负责本工程的建设管理工作。项目法人组建项目建设办公室，具体处理工程建设管理日常事务。

第六条 各流域机构水土保持监测中心站受项目法人的委托，承担所承办项目的建设管理，并对流域内各省（自治区、直辖市）监测总站和监测分站的建设管理进行督促检查。

第七条 各省（自治区、直辖市）监测总站协助项目法人负责承办项目及所辖监测分站项目的建设管理。监测分站配合总站做好本站项目的建设管理。

第八条 流域机构监测中心站、省级监测总站和监测分站应将所承办项目建设的联系人名单上报项目法人备案。

第三章 建设实施

第九条 本工程严格按照基本建设程序组织实施，执行项目法人负责制、招标投标制、建设监理制和合同管理制。

第十条 按照《水利工程建设项目招标投标管理规定》（水利部令第14号），项目法人委托有资质的招标代理机构，采用公开招标方式确定监理单位、设备供货单位和施工单位。

第十一条 本工程所需设备实行集中招标采购。

第十二条 项目法人与监理单位、设备供货单位和施工单位等签定合同，明确双方责任和义务。

第十三条 项目的设计、施工、监理以及设备供应等单位按照《水利工程质量管理规定》（水利部令第7号）和合同约定负责所承担工作的质量，并实行质量终身责任制。

第十四条 施工单位应具备相应资质，按照有关技术标准、工程设计文件和合同约定进行施工，在施工过程中要加强自检自验工作，切实做好工程质量控制。

第十五条 设备供货单位应具备设备供货资质，按照合同约定提供设备和材料，对所供应设备和材料的质量全面负责。

第十六条 监理单位应具有信息系统工程和水土保持工程监理资质。监理单位应严格执行国家法律有关技术标准，对工程质量、进度和资金使用等进行全过程控制，加强合同管理。

第十七条 施工、监理以及设备供应等单位应按合同严格控制工期，确保项目建设工期目标的实现。

第十八条 工程涉及的设备、材料和软件等实行质量一票否决制。对质量不合格的，必须返工，直到验收合格。

第十九条 项目法人及流域机构监测中心站、省级监测总站和监测分站应当严格按照国家有关档案管理的规定，及时收集、整理和保存本工程建设各环节的文件资料，建立完整的文档目录。

第四章 资金管理

第二十条 本工程由中央和地方共同投资建设，建设资金从中央预算内水利基建投资和省（自治区、直辖市）水利建设投资中安排。各级监测机构要按照基本建设会计制度，建立基建帐户，做到专门设帐，独立核算，专人负责，专项管理，专款专用。

第二十一条 本工程建设资金由项目法人统一管理，合理使用，严格控制建设成本。

第二十二条 项目法人负责年度建设计划申报，并落实中央下达的投资计划，各省（自治区、直辖市）监测总站按照年度建设计划，落实地方配套资金，及时拨入项目法人单位专用基建账户。地方配套资金落实后，才能开始相应项目的建设；逾期不能落实的，项目法人有权缓建相应项目。

第二十三条 流域机构监测中心站、省级监测总站和监测分站应积极配合项目法人，做好本单位建设资金的使用管理，按照《基本建设财务管理若干规定》（财基字〔1998〕4号）和《水利基本建设资金管理办法》（财基〔1999〕139号）规定，完成各类报表的填报和报送。

第二十四条 项目建设严格按照批准的建设规模、建设内容和批准的概算实施。不得随意调整概算、资金使用范围，不得挪用、拆借建设资金。

第二十五条 对挪用、截留建设资金的，追还被挪用、截留的资金，并予以通报批评。情节严重的依法给予有关责任人行政处分；构成犯罪的，依法追究有关责任人的刑事责任。

第五章　检查及验收

第二十六条　项目法人定期或不定期对本工程的建设情况进行监督检查，做到及时发现问题、解决问题。

第二十七条　本工程验收分为单项验收、初步验收和竣工验收。单项验收和初步验收由项目法人组织，竣工验收由水利部组织。

单项验收是指针对单个合同书规定的任务完成后进行的验收。单项验收成果必须具备可独立运行的条件。

初步验收是指对流域机构监测中心站、省级监测总站或监测分站建设工程的验收。初步验收成果必须具备可进行网络系统集成和进行水土流失试验观测的条件。

竣工验收是指整个项目的建设任务全部建设完成，网络集成调试完毕，具备了投入生产运行的条件。

第二十八条　项目法人编制工程竣工财务决算，并通过审计部门审计后报水利部。

第二十九条　验收应具备以下条件：

1、项目承建单位已按照合同规定完成了全部内容。

2、项目承建单位已向项目法人提交了验收书面申请报告。

3、被验收单位应有完整的技术档案和施工管理资料，有设备、材料的质量检验报告。

4、有项目经费决算报告。

5、有监理单位提交的项目监理报告。

6、有各承建单位签署的工程质量保修书。

7、有项目分析测试报告和系统试运行报告。

第三十条 项目竣工验收后，项目法人应按照有关规定及时向运行管理单位办理交付使用手续，做好项目资产移交。运行管理单位应将固定资产部分纳入国有资产管理，加强设备设施的维护、更新与管理。

第六章 附 则

第三十一条 本办法由水利部水土保持司负责解释。

第三十二条 本办法自公布之日起执行。

中央财政小型农田水利设施建设和国家水土保持重点建设工程补助专项资金管理办法

财政部　水利部关于印发
《中央财政小型农田水利设施建设和国家水土保持
重点建设工程补助专项资金管理办法》的通知
财农〔2009〕335号

农业部，各省、自治区、直辖市、计划单列市财政厅（局）、水利（务）厅（局），新疆生产建设兵团财务局、水利局：

　　为进一步加强和规范中央财政小型农田水利设施建设补助专项资金、国家水土保持重点建设工程补助专项资金管理，财政部、水利部结合各地小型农田水利建设和水土保持重点建设工程实际情况，制定了《中央财政小型农田水利设施建设和国家水土保持重点建设工程补助专项资金管理办法》。现予印发，请遵照执行。

2009 年 11 月 6 日

第一章 总 则

第一条 为加强和规范中央财政小型农田水利设施建设补助专项资金（以下简称小农水专项资金）、国家水土保持重点建设工程补助专项资金（以下简称水土保持专项资金）管理，提高资金使用效益，根据《中华人民共和国预算法》和有关法律法规，制定本办法。

第二条 本办法所称小农水专项资金，是指由中央财政预算安排的，采用"民办公助"等方式，支持农户、农民用水合作组织、村组集体和其他农民专业合作经济组织等，开展小型农田水利设施建设的补助资金。

水土保持专项资金是指中央财政预算安排的，由财政部、水利部根据国家水土保持重点建设工程有关规划，用于支持规划治理范围内的重点地区开展水土流失治理项目建设的补助资金。

第三条 本办法适用于小农水专项资金和水土保持专项资金的使用管理。

第四条 各省、自治区、直辖市、计划单列市（以下简称各省）财政、水利部门要建立有效工作机制，明确分工，落实责任，共同做好小型农田水利和国家水土保持重点建设项目的组织实施和指导工作。要科学编制项目建设方案，合理确定年度建设任务，认真开展项目评审，加强项目监督检查、绩效考核和验收工作，充分调动农民群众参与项目建设和管理的积极性，确保项目建设进度和工程质量。

第五条 小农水专项资金、水土保持专项资金支持建设的项目、工程或设施，必须严格按照批准的建设方案组织实施，并符合国家及水利行业的有关技术标准和规程、规范。

第二章 小农水专项资金使用管理

第六条 各级财政要坚持"政府引导、民办公助、以奖代补"等方式，充分利用农村劳动力资源丰富的优势，把加大政府投入与鼓励农户投工投劳结合起来，整合农田水利建设资金，引导社会资金投资，逐步建立小型农田水利设施建设多元化投入机制。

省级财政部门要按照中央不断加大对小型农田水利设施建设的投入力度等政策要求，设立小型农田水利设施建设专项资金，逐步扩大资金规模，增加投入。市、县两级财政也要切实增加对小型农田水利设施建设的投入。

第七条 各省财政部门要按照《财政部关于进一步推进支农资金整合工作的指导意见》（财农〔2006〕36号）要求，努力创造条件，充分调动各方面积极性，切实加大农田水利设施建设资金整合力度。各省要采取有效措施，切实开展省级农田水利设施建设资金整合。同时，在县级以农田水利规划为依据，以小农水专项资金为引导，以重点县建设为平台，以提高资金使用效益为目标，按照"渠道不乱、用途不变、各负其责、优势互补、各记其功、形成合力"的原则，在不改变资金性质和用途的前提下，积极整合各级各类涉及农田水利设施建设资金，统筹安排，集中使用，进一步拓宽农田水利设施建设投入渠道。

第八条 小农水专项资金主要用于支持重点县建设和专项工程建设两个方面，其分配和安排必须科学合理、公正规范，并遵循以下原则：

（一）突出支持粮食主产区，夯实粮食增产和农民增收基础；

（二）突出工程设施续建配套改造，发挥集中连片建设的优势；

（三）突出节水灌溉技术的运用和推广，提高农业用水效率和效益；

（四）突出"民办公助"和产权制度改革，推进工程建管机制体制的完善和创新；

（五）兼顾东中西部地区差异，适当向中西部地区倾斜。

第九条 小农水专项资金用于重点县建设的，重点支持现有小型农田水利设施和大中型灌区末级渠系续建、配套、改造，因地制宜建设高效节水灌溉工程和适度新建小型水源工程。小农水专项资金用于支持专项工程建设的，主要解决小型农田水利设施最薄弱的环节，重点支持雨水集蓄利用、高效节水灌溉、小型水源建设，以及渠道、机电泵站等其他小型农田水利设施修复、配套和改造。主要包括：

（一）塘坝（容积小于 10 万 m^3）、小型灌溉泵站（装机小于 1000 千瓦）、引水堰闸（流量小于 $1m^3/s$）、灌溉机井、雨水集蓄利用工程（容积小于 $500m^3$）等小型水源工程；

（二）大中型灌区末级渠系（流量小于 $1m^3/s$）、小型灌区渠系、井灌区输水管道、高效节水灌溉工程等；

（三）小型排水泵站（装机容量小于 1000 千瓦）、控制面积 3 万亩以下的排水沟道等。

小农水专项资金具体年度补助对象或建设内容，由财政部、水利部根据上述范围和国家有关政策确定，并通过小农水专项资金项目立项指南发布。

第十条 小农水专项资金使用范围主要包括：

（一）项目建设材料费；

（二）工程设备费；

（三）施工机械作业费；

（四）项目管理费。重点县和专项工程项目的论证审查、规划编制、工程设计、技术咨询和信息服务支出。

各省可从中央财政安排的小农水专项资金中按不超过1%的比例一次性提取项目管理费，不得层层重复提取，不得用于人员补贴、购置交通工具、会议费等支出。项目管理费不足部分由地方解决。

第十一条 小农水专项资金根据因素法进行分配，包括自然因素、经济因素和绩效因素三类。"自然因素"包括耕地面积、有效灌溉面积、县级行政区划数；"经济因素"包括粮食总产量、人均粮食产量、农民人均纯收入、地方财政收入；"绩效因素"包括省级财政投入力度、资金整合、农民投工投劳、项目和资金管理等绩效考核结果。

中央财政根据小农水专项资金预算规模以及上述因素，测算确定分配给各省的资金补助额度。

新疆生产建设兵团、农业部直属垦区不纳入因素法测算范围。由中央财政根据新疆生产建设兵团、农业部直属垦区小型农田水利设施建设任务、上年度项目实施情况和资金使用管理情况等适当给予定额补助。

第十二条 中央财政对重点县建设和专项工程建设实行不同的资金补助方式：

（一）重点县建设实行定额补助。中央财政按照一定的补助标准和重点县名额，核定分配给各省的重点县建设资金补助额度，各重点县具体补助金额由各省自行确定。

（二）专项工程建设实行比例补助。中央财政按照项目总投资的一定比例，核定分配给各省及新疆生产建设兵团、农业部的专项工程补助额度。

重点县和专项工程的具体补助标准和比例，由中央财政根据有关政策和年度资金预算，在制定年度小农水专项资金项目立项指南时确定。

第十三条 财政部、水利部根据国家农业发展政策、小型农田水利建设总体要求以及当年小农水专项资金预算规模，及时制定和发布年度小农水专项资金项目立项指南，将重点县分配或调整名额、小农水专项资金补助控制指标、项目管理费提取比例等下达各省及新疆生产建设兵团、农业部。

第十四条 小农水专项资金的申报主体，包括专项工程申报主体和重点县申报主体。

（一）重点县申报主体为县级财政和水利部门。

（二）专项工程申报主体包括：

1. 农户或联户；

2. 农民用水合作组织；

3. 村、组集体；

4. 其他农民专业合作经济组织。

第十五条 重点县和专项工程建设项目依照自下而上的原则逐级申报。

省级财政、水利部门，根据财政部、水利部下发的年度小农水专项资金项目立项指南，组织开展重点县和专项工程的立项申报、资金申请等工作。

地方各级财政、水利部门共同对各自上报的申报材料的完整性、真实性负责。

第十六条 重点县建设项目，由县级财政、水利部门依据本地农田水利规划以及重点县的建设目标和要求，组织编制《小型农田水利重点县建设方案》、《小型农田水利重点县建设标准文本》等申请材料和文件，逐级联合向省级财政、水利部门申报。

专项工程建设项目，由符合条件的申报主体提出申报后，县级财政、水利部门负责归类汇总，以县为单位组织编制《小型农田水利专项工程建设方案》和《小型农田水利专项工程建设标准文本》等申请材料和文件，并逐级联合向省级财政、水利部门申报。

项目申报涉及筹资筹劳的应当按照有关规定"一事一议"，经村民民主议事取得同意，并提供村民会议有关决议，按程序提出申报，报县级财政、水利部门。项目申报主体为农民用水合作组织或其他农民专业合作经济组织的，须同时报送合作组织证书复印件。

第十七条 各省财政、水利部门负责组织专家对县级申报材料进行评审，确定重点县和专项工程建设内容、资金支持重点，归类汇总和编制省级申报材料及资金申请文件，连同省级专家评审意见联合上报财政部、水利部。

第十八条 新疆生产建设兵团和农业部有关部门，根据财政部、水利部制定的年度小农水专项资金项目立项指南，负责组织项目单位编制《小型农田水利专项工程建设方案》和《小型农田水利专项工程建设标准文本》，并负责组织专家对各项目单位申报材料进行评审。

评审工作结束后，将有关申报材料、资金申请文件等报送财政部、水利部。

新疆生产建设兵团和农业部有关部门分别对各自报送的申报材料的完整性和真实性负责。

第十九条 小农水专项资金项目审查要严格执行有关评审标准与要求，应当遵循以下原则：

（一）农民自愿原则。项目立项、建设要充分尊重农民意愿，项目建设方案、筹资筹劳方案和管理运行方式要经过项目区农民同意或民主议事通过。

（二）规划指导原则。项目立项、设计应依据有关规划，以有关规划为基础；项目施工、建设应按照有关规划和要求组织实施。

（三）因地制宜原则。根据当地水资源条件、生产实际需要和投资可能，确定项目工程措施和类型，做到经济上合理，技术上可行。

（四）集中连片原则。项目安排要集中资金和技术，连片建设，形成规模，发挥工程的整体效益。

（五）项目统筹原则。县级要依据农田水利规划，按照资金整合的总体要求，统筹考虑各类相关项目的建设方案、项目建设能力等情况，合理安排项目布局、建设内容和规模。省级统筹考虑各项目区实际情况，合理安排重点县建设项目与专项工程项目的建设布局和资金规模。

第二十条 财政部、水利部组织专家对各省、新疆生产建设兵团和农业部上报的申报材料进行合规性审查。

合规性审查通过后，财政部根据各省、新疆生产建设兵团和农业部报送的立项和资金申请文件以及下达的资金控制额度，拨付小农水专项资金。各省财政、水利部门，新疆生产建设兵团和农业部有关部门按照报送财政部、水利部备案的项目建设方案，批复下达和组织实施。

第二十一条　地方各级财政、水利部门要积极推动小型农田水利设施建设项目管理体制改革，明确产权，落实管护责任，探索、创新和建立长效运行机制，确保工程发挥效益。按照谁受益、谁管护的原则，单户工程应明确产权归农户所有，管护归农户负责；联户工程可由受益农户建立农民用水合作组织，工程产权归其所有并负责管护。

第三章　水土保持专项资金使用管理

第二十二条　国家水土保持重点建设工程分期规划，分期实施，每期五年。

财政部、水利部根据国家政策和水土流失治理任务，确定规划范围和重点（简称治理区）。各省财政、水利部门根据国家规划编制省级水土保持重点建设工程五年实施规划，并联合上报财政部、水利部。

财政部、水利部组织专家对各省上报的五年实施规划进行审查和批复。

第二十三条　国家水土保持重点建设项目以政府投入为主。在中央财政增加投入的同时，省、市财政也应切实增加投入。规划治理区财政、水利部门要采取措施，按照筹资筹劳的有关规定，鼓励受益农户参与工程建设。

第二十四条 水土保持专项资金用于规划治理区内的坡改梯、淤地坝、小型水保工程以及营造水保林草和经果林等项目补助支出，主要包括：

（一）材料费。购买水泥、钢材、石材、砂石料、预制构件、炸药等费用。

（二）设备费。小型灌排设备、水土保持监测设备购置费。

（三）机械施工费。施工机械租赁费、台班费。

（四）种籽苗木费。营造水保林、经果林，种草及封禁治理中补植补种所需的苗木、种籽费用。

（五）苗圃基础设施建设费。苗圃土地平整、大棚、配套水利设施、配电设施费用。

（六）封禁治理费。设置围栏、封禁标志牌以及雇佣管护人员费用。

第二十五条 水土保持专项资金依据实施规划、年度治理任务、每平方公里水土流失综合治理单价以及中央财政补助比例进行分配。

中央财政补助比例不超过全省项目投资总额的70%。具体项目的补助比例由各省财政、水利部门确定。

第二十六条 国家水土保持重点建设工程项目按年度组织申报。

省级财政、水利部门根据财政部、水利部批复的五年治理规划，确定年度治理任务，编写项目和资金申请文件，联合上报财政部、水利部。

第二十七条 水利部根据与财政部共同批复的五年治理规划，

负责审核批复各省年度治理任务。

财政部、水利部根据批复的各省年度治理任务和资金预算，研究提出资金分配方案，按程序报批后，将水土保持专项资金拨付有关省级财政部门。

第二十八条 治理区内县级财政、水利部门依据批复的规划和年度治理任务，以小流域为单元组织编制初步设计，报省级财政、水利部门审批后组织项目实施。

第二十九条 治理区内各级财政、水利部门要明确落实项目工程产权和管护责任，确保建成一处，落实一处。省级财政、水利部门要发挥监督指导作用，推动工程产权的落实和管护机制的建立，促进长效运行管护机制建设。

第四章 资金监督检查

第三十条 小农水专项资金和水土保持专项资金的使用管理要公开透明，实行公示制。县级财政、水利部门要采取适当的形式，将项目建设情况在当地进行公示，资金使用、筹资筹劳等情况应及时向受益区群众张榜公布，接受监督。

第三十一条 各级财政部门要及时拨付小农水专项资金和水土保持专项资金，保证工程项目的顺利实施。要大力推行县级报账制、政府采购制度，具备条件的地方应积极实行国库直接支付制度。

第三十二条 各级财政部门要建立和健全资金监管体系，加强对小农水专项资金、水土保持专项资金的使用管理和监督检查，保证专款专用。积极配合有关部门做好审计、稽查等工作。

第三十三条 地方各级水利部门要做好项目规划、设计、建设管理和技术指导，落实工程建成后的运行管护责任。县级水利部门要逐步建立和完善由项目法人或业主负责的建设和管护机制，推进工程产权制度改革。

县级财政、水利部门要加强项目建设日常监管，掌握项目建设进度，发现问题及时纠正。各级财政、水利部门对项目建设情况采取随机方式进行抽查监督。

第三十四条 各省财政、水利部门，新疆生产建设兵团和农业部有关部门要建立健全项目管理和资金使用情况统计报告制度，于每年3月底前向财政部、水利部报送上年项目实施和资金使用情况。

第三十五条 各省财政、水利部门要建立绩效考核制度，将项目建设的组织管理、建设进度、工程质量、资金投入、资金整合、资金使用和监管，以及管护机制等因素纳入考核范围。中央对省进行考核，省对县进行考核。中央对省的考核结果作为下一年度分配资金的重要因素。

第三十六条 对在小农水专项资金和水土保持专项资金使用管理中违反财政资金拨付和预算管理规定的，依照《财政违法行为处罚处分条例》（国务院令第427号）及有关法律、法规给予处理、处罚、处分。

对小农水专项资金和水土保持专项资金使用不规范、项目建设管理混乱，存在违规违纪问题被省级以上审计机关、财政部驻各省财政监察专员办事处检查处理或通报，以及被媒体曝光并核实的，将核减以后年度中央对省小农水专项资金和水土保持专项资金分配额度、重点县名额。涉及重点县的，取消重点县资格，三年内不得重新申报；涉及专项工程的，取消该项目所在县申报小农水专项工程资格，三年内不予安排。

第五章　附　则

第三十七条　各省财政、水利部门，新疆生产建设兵团、农业部有关部门根据本办法并结合实际，制定实施细则，报财政部、水利部备案。

第三十八条　本办法自发布之日起施行。财政部、原水利电力部《关于发布〈小型农田水利和水土保持补助费管理的规定〉的通知》〔（87）财农字第402号〕，财政部、水利部《关于印发〈中央财政小型农田水利工程建设补助专项资金管理办法（试行）〉的通知》（财农〔2006〕124号）同时废止。